RECETTES MÉDITERRANÉENNES DÉLICIEUSES 2022

RECETTES FACILES ET ABORDABLES

POUR LES DÉBUTANTS

CLARISSA DUBOIS

Table des matières

Salade de poulet Fiesta 9
Salade de maïs et haricots noirs 11
Super salade de pâtes 13
Salade de thon 15
Salade de pommes de terre du sud 16
Salade Seven Layer 18
Salade de chou frisé, quinoa et avocat avec vinaigrette au citron et à la Dijon 20
Salade de poulet 22
Salade Cobb 24
Salade de brocoli 26
Salade d'épinards aux fraises 28
Salade de poires au Roquefort 30
Salade de haricots mexicaine 32
Salade de melons 34
Salade de céleri à l'orange 36
Salade De Brocoli Rôti 37
Salade de tomates 39
Salade de betteraves féta 40
Salade de chou-fleur et tomates 41
Pilaf au fromage à la crème 42
Salade d'aubergines rôties 44
Légumes Rôtis 45
Salade de pistaches et roquette 47

Risotto d'orge au parmesan	48
Salade De Fruits De Mer & Avocat	50
Salade Méditerranéenne aux Crevettes	52
Salade de pâtes aux pois chiches	53
Sauté méditerranéen	55
Salade de concombre balsamique	57
Galettes de bœuf Kefta avec salade de concombre	58
Salade de poulet et concombre au pesto de persil	60
Salade de roquette facile	62
Salade de féta et pois chiches	63
Bols de riz brun et sauvage à la grecque	64
Salade Grecque Dîner	65
Salade de citron et fenouil	67
Salade grecque de poulet aux herbes	69
Salade de couscous grec	71
Omelette frite Denver	73
Poêle à Saucisse	75
Crevettes marinées grillées	77
Casserole d'oeufs à la saucisse	79
Carrés d'omelette au four	81
Champignons avec un glaçage à la sauce soja	83
Petits Gâteaux Aux Oeufs	85
Crêpes Paléo Amandes Bananes	87
Courgettes aux oeufs	89
Casserole de petit-déjeuner amish au fromage	90
Salade au Roquefort	92
Riz aux vermicelles	94

Fèves et Riz 96

Fèves au beurre 98

Freekeh 100

Boulettes de Riz Frites à la Sauce Tomate 101

Riz à l'espagnole 103

Courgettes avec riz et tzatziki 105

Haricots cannellini avec aïoli au romarin et à l'ail 107

Riz orné de bijoux 108

Risotto aux asperges 110

Pâtes crémeuses au saumon fumé 112

Poulet grec à la mijoteuse 114

Gyros de poulet 116

Cassoulet de poulet à la mijoteuse 118

Rôti de dinde à la grecque 121

Poulet à l'ail avec couscous 123

Poulet Karahi 125

Poulet Cacciatore 127

Daube provençale mijotée 129

Osso bucco 131

Boeuf Bourguignon à la mijoteuse 133

Boeuf Balsamique 136

Rôti de Veau 138

Riz Méditerranéen et Saucisse 140

Boulettes de viande espagnoles 141

Steaks de chou-fleur avec sauce aux olives et aux agrumes 143

Pâtes Pistache Menthe Pesto 145

Sauce tomate cerise éclatée avec pâtes aux cheveux d'ange 147

Tofu au four avec tomates séchées et artichauts 149

Tempeh méditerranéen au four avec tomates et ail 151

Champignons Portobello Rôtis avec Chou Kale et Oignon Rouge 154

Courgettes farcies à la ricotta, au basilic et à la pistache 158

Farro aux tomates et champignons rôtis 160

Orzo au four avec aubergine, bette à carde et mozzarella 163

Risotto d'orge aux tomates 165

Pois chiches et chou frisé avec sauce pomodoro épicée 167

Feta rôtie au chou frisé et yogourt au citron....................................... 169

Aubergines et pois chiches rôtis à la sauce tomate 171

Sliders de falafels au four 173

Portobello Caprese... 175

Tomates farcies aux champignons et au fromage 177

Taboule.. 179

Coeurs d'artichauts et brocolis épicés 181

Shakshuka.. 183

Spanakopita 185

Tajine... 187

Agrumes Pistaches et Asperges 189

Aubergines farcies aux tomates et au persil 191

Ratatouille 193

Gemista 195

Rouleaux de chou farcis 197

Choux de Bruxelles avec glaçage balsamique................................... 199

Salade d'épinards avec vinaigrette aux agrumes.............................. 201

Salade simple de céleri et d'orange 203

Rouleaux d'aubergines frites 205

Bol de Légumes Rôtis et Riz Brun 207

Hachis de chou-fleur aux carottes 209

Cubes de courgettes à l'ail et à la menthe 210

Bol de courgettes et artichauts avec faro 211

Beignets de courgettes à 5 ingrédients.. 213

Tostadas du matin 215

Omelette au Parmesan 217

Pizza Pastèque 218

Muffins salés.. 219

Salade de poulet Fiesta

Temps de préparation : 20 minutes

Temps de cuisson : 20 minutes

Portions : 4

Niveau de difficulté : Facile

Ingrédients:

- 2 moitiés de filet de poulet sans peau ni arêtes
- 1 sachet d'herbes pour fajitas, divisé
- 1 cuillère à soupe d'huile végétale
- 1 boîte de haricots noirs, rincés et égouttés
- 1 boîte de maïs à la mexicaine
- 1/2 tasse de salsa
- 1 sachet de salade verte
- 1 oignon, émincé
- 1 tomate, coupée en quatre

Les directions:

Frotter le poulet uniformément avec la moitié des herbes pour fajitas. Faites cuire l'huile dans une poêle à feu moyen et faites cuire le poulet pendant 8 minutes côte à côte ou jusqu'à ce que le jus soit clair; mettre de côté. Mélanger les haricots, le maïs, la salsa et d'autres 1/2 épices pour fajitas dans une grande casserole. Chauffer à feu moyen jusqu'à ce qu'il soit tiède. Préparez la salade en mélangeant les légumes verts, l'oignon et la tomate. Couvrir la salade de poulet et assaisonner le mélange de haricots et de maïs.

Nutrition (pour 100g) : 311 calories 6,4 g de lipides 42,2 g de glucides 23 g de protéines 853 mg de sodium

Salade de maïs et haricots noirs

Temps de préparation : 10 minutes

Temps de cuisson : 0 minute

Portions : 4

Niveau de difficulté : Facile

Ingrédients:

- 2 cuillères à soupe d'huile végétale
- 1/4 tasse de vinaigre balsamique
- 1/2 cuillère à café de sel
- 1/2 cuillère à café de sucre blanc
- 1/2 cuillère à café de cumin moulu
- 1/2 cuillère à café de poivre noir moulu
- 1/2 cuillère à café de poudre de chili
- 3 cuillères à soupe de coriandre fraîche hachée
- 1 boîte de haricots noirs (15 oz)
- 1 boîte de maïs sucré (8,75 oz) égoutté

Les directions:

Mélanger le vinaigre balsamique, l'huile, le sel, le sucre, le poivre noir, le cumin et la poudre de chili dans un petit bol. Mélanger le maïs noir et les haricots dans un bol moyen. Mélanger avec le vinaigre et l'huile vinaigrette et garnir de coriandre. Couvrir et réfrigérer toute une nuit.

Nutrition (pour 100g) : 214 calories 8,4 g de lipides 28,6 g de glucides 7,5 g de protéines 415 mg de sodium

Super salade de pâtes

Temps de préparation : 30 minutes
Temps de cuisson : 10 minutes
Portions : 16
Niveau de difficulté : Moyen

Ingrédients:

- 1 paquet de pâtes fusilli (16 oz)
- 3 tasses de tomates cerises
- 1/2 livre de provolone, coupé en dés
- 1/2 livre de saucisse, coupée en dés
- 1/4 livre de pepperoni, coupé en deux
- 1 gros poivron vert
- 1 boîte d'olives noires, égouttées
- 1 pot de piments, égouttés
- 1 bouteille (8 oz) de vinaigrette italienne

Les directions:

Faites bouillir une eau légèrement salée dans une casserole. Incorporer les pâtes et cuire environ 8 à 10 minutes ou jusqu'à ce qu'elles soient al dente. Égoutter et rincer à l'eau froide.

Mélanger les pâtes avec les tomates, le fromage, le salami, le pepperoni, le poivron vert, les olives et les poivrons dans un grand bol. Verser la vinaigrette et bien mélanger.

Nutrition (pour 100g) : 310 calories 17,7 g de lipides 25,9 g de glucides 12,9 g de protéines 746 mg de sodium

Salade de thon

Temps de préparation : 20 minutes

Temps de cuisson : 0 minute

Portions : 4

Niveau de difficulté : Facile

Ingrédients:

- 1 boîte (19 onces) de pois chiches
- 2 cuillères à soupe de mayonnaise
- 2 cuillères à café de moutarde brune épicée
- 1 cuillère à soupe de cornichon doux
- Sel et poivre au goût
- 2 oignons verts hachés

Les directions:

Mélanger les haricots verts, la mayonnaise, la moutarde, la sauce, les oignons verts hachés, le sel et le poivre dans un bol moyen. Bien mélanger.

Nutrition (pour 100g) : 220 calories 7,2 g de lipides 32,7 g de glucides 7 g de protéines 478 mg de sodium

Salade de pommes de terre du sud

Temps de préparation : 15 minutes

Temps de cuisson : 15 minutes

Portions : 4

Niveau de difficulté : Moyen

Ingrédients:

- 4 pommes de terre
- 4 œufs
- 1/2 branche de céleri, hachée finement
- 1/4 tasse de goût sucré
- 1 gousse d'ail émincée
- 2 cuillères à soupe de moutarde
- 1/2 tasse de mayonnaise
- sel et poivre au goût

Les directions:

Faire bouillir de l'eau dans une casserole puis placer les pommes de terre et cuire jusqu'à ce qu'elles soient tendres mais encore fermes, environ 15 minutes; égoutter et hacher. Transférer les œufs dans une casserole et couvrir d'eau froide.

Bouillir l'eau; couvrir, retirer du feu et laisser tremper les œufs dans l'eau chaude pendant 10 minutes. Retirer puis décortiquer et hacher.

Mélanger les pommes de terre, les œufs, le céleri, la sauce sucrée, l'ail, la moutarde, la mayonnaise, le sel et le poivre dans un grand bol. Mélanger et servir chaud.

Nutrition (pour 100g) : 460 calories 27,4 g de lipides 44,6 g de glucides 11,3 g de protéines 214 mg de sodium

Salade Seven Layer

Temps de préparation : 15 minutes

Temps de cuisson : 5 minutes

Portions : 10

Niveau de difficulté : Moyen

Ingrédients:

- 1 livre de bacon
- 1 tête de laitue iceberg
- 1 oignon rouge, émincé
- 1 paquet de 10 petits pois surgelés, décongelés
- 10 onces de fromage cheddar râpé
- 1 tasse de chou-fleur haché
- 1 1/4 tasse de mayonnaise
- 2 cuillères à soupe de sucre blanc
- 2/3 tasse de parmesan râpé

Les directions:

Mettez le bacon dans une grande poêle peu profonde. Cuire à feu moyen jusqu'à consistance lisse. Émietter et réserver. Placez la laitue hachée dans un grand bol et recouvrez d'une couche d'oignon, de petits pois, de fromage râpé, de chou-fleur et de bacon.

Préparez la vinaigrette en mélangeant la mayonnaise, le sucre et le parmesan. Verser sur la salade et laisser refroidir.

Nutrition (pour 100g) : 387 calories 32,7 g de lipides 9,9 g de glucides 14,5 g de protéines 609 mg de sodium

Salade de chou frisé, quinoa et avocat avec vinaigrette au citron et à la Dijon

Temps de préparation : 5 minutes
Temps de cuisson : 25 minutes
Portions : 4
Niveau de difficulté : Difficile

Ingrédients:

- 2/3 tasse de quinoa
- 1 1/3 tasse d'eau
- 1 bouquet de chou frisé, déchiré en morceaux de la taille d'une bouchée
- 1/2 avocat - pelé, coupé en dés et dénoyauté
- 1/2 tasse de concombre haché
- 1/3 tasse de poivron rouge haché
- 2 cuillères à soupe d'oignon rouge haché
- 1 cuillère à soupe de feta émiettée

Les directions:

Faire bouillir le quinoa et 1 1/3 tasse d'eau dans une casserole. Ajuster le feu et laisser mijoter jusqu'à ce que le quinoa soit tendre et que l'eau soit absorbée pendant environ 15 à 20 minutes. Réserver au frais.

Placez le chou dans un panier à vapeur sur plus d'un pouce d'eau bouillante dans une casserole. Fermez la casserole avec un couvercle et faites cuire à la vapeur jusqu'à ce qu'elle soit chaude, environ 45 secondes; transférer dans une grande assiette. Garnir de chou, quinoa, avocat, concombre, poivron, oignon rouge et fromage feta.

Mélanger l'huile d'olive, le jus de citron, la moutarde de Dijon, le sel de mer et le poivre noir dans un bol jusqu'à ce que l'huile soit émulsionnée dans la vinaigrette; verser sur la salade.

Nutrition (pour 100g) : 342 calories 20,3 g de lipides 35,4 g de glucides 8,9 g de protéines 705 mg de sodium

Salade de poulet

Temps de préparation : 20 minutes

Temps de cuisson : 0 minute

Portions : 9

Niveau de difficulté : Facile

Ingrédients:

- 1/2 tasse de mayonnaise
- 1/2 cuillère à café de sel
- 3/4 cuillère à café d'herbes de volaille
- 1 cuillère à soupe de jus de citron
- 3 tasses de poitrine de poulet cuite, coupée en dés
- 1/4 cuillère à café de poivre noir moulu
- 1/4 cuillère à café d'ail en poudre
- 1/4 cuillère à café de poudre d'oignon
- 1/2 tasse de céleri finement haché
- 1 boîte (8 oz) de châtaignes d'eau, égouttées et hachées
- 1/2 tasse d'oignons verts hachés
- 1 1/2 tasse de raisins verts coupés en deux
- 1 1/2 tasse de fromage suisse en dés

Les directions:

Mélanger la mayonnaise, le sel, les épices pour poulet, la poudre d'oignon, la poudre d'ail, le poivre et le jus de citron dans un bol moyen. Mélanger le poulet, le céleri, les oignons verts, les châtaignes d'eau, le fromage suisse et les raisins secs dans un grand bol. Incorporer le mélange de mayonnaise et enrober. Refroidir jusqu'au moment de servir.

Nutrition (pour 100g) : 293 calories 19,5 g de lipides 10,3 g de glucides 19,4 g de protéines 454 mg de sodium

Salade Cobb

Temps de préparation : 5 minutes
Temps de cuisson : 15 minutes
Portions : 6
Niveau de difficulté : Difficile

Ingrédients:

- 6 tranches de bacon
- 3 oeufs
- 1 tasse de laitue Iceberg, râpée
- 3 tasses de viande de poulet hachée cuite
- 2 tomates, épépinées et hachées
- 3/4 tasse de fromage bleu, émietté
- 1 avocat - pelé, dénoyauté et coupé en dés
- 3 oignons verts, émincés
- 1 bouteille (8 oz) de vinaigrette Ranch

Les directions:

Situer les œufs dans une casserole et les faire tremper complètement avec de l'eau froide. Bouillir l'eau. Couvrir et retirer du feu et laisser reposer les œufs dans l'eau chaude pendant 10 à 12 minutes. Retirer de l'eau chaude, laisser refroidir, peler et hacher. Placez le bacon dans une grande poêle à frire profonde. Cuire à feu moyen jusqu'à consistance lisse. Mettre de côté.

Répartir la laitue râpée dans des assiettes séparées. Étendre le poulet, les œufs, les tomates, le fromage bleu, le bacon, l'avocat et les oignons verts en rangées sur la laitue. Saupoudrez de votre vinaigrette préférée et dégustez.

Nutrition (pour 100g) : 525 calories 39,9 g de lipides 10,2 g de glucides 31,7 g de protéines 701 mg de sodium

Salade de brocoli

Temps de préparation : 10 minutes

Temps de cuisson : 15 minutes

Portions : 6

Niveau de difficulté : Moyen

Ingrédients:

- 10 tranches de bacon
- 1 tasse de brocoli frais
- ¼ tasse d'oignon rouge, émincé
- ½ tasse de raisins secs
- 3 cuillères à soupe de vinaigre de vin blanc
- 2 cuillères à soupe de sucre blanc
- 1 tasse de mayonnaise
- 1 tasse de graines de tournesol

Les directions:

Cuire le bacon dans une poêle à frire à feu moyen. Égoutter, émietter et réserver. Mélanger le brocoli, l'oignon et les raisins secs dans un bol moyen. Mélanger le vinaigre, le sucre et la mayonnaise dans un petit bol. Verser sur le mélange de brocoli et mélanger. Refroidir pendant au moins deux heures.

Avant de servir, mélangez la salade avec du bacon émietté et des graines de tournesol.

Nutrition (pour 100g) : 559 calories 48,1 g de lipides 31 g de glucides 18 g de protéines 584 mg de sodium

Salade d'épinards aux fraises

Temps de préparation : 10 minutes

Temps de cuisson : 0 minute

Portions : 4

Niveau de difficulté : Facile

Ingrédients:

- 2 cuillères à soupe de graines de sésame
- 1 cuillère à soupe de graines de pavot
- 1/2 tasse de sucre blanc
- 1/2 tasse d'huile d'olive
- 1/4 tasse de vinaigre blanc distillé
- 1/4 cuillère à café de paprika
- 1/4 cuillère à café de sauce Worcestershire
- 1 cuillère à soupe d'oignon émincé
- 10 onces d'épinards frais
- 1 litre de fraises - nettoyées, équeutées et tranchées
- 1/4 tasse d'amandes, blanchies et effilées

Les directions:

Dans un bol moyen, fouetter ensemble les mêmes graines, les graines de pavot, le sucre, l'huile d'olive, le vinaigre, le paprika, la sauce Worcestershire et l'oignon. Couvrir et réfrigérer une heure.

Dans un grand bol, incorporer les épinards, les fraises et les amandes. Verser la vinaigrette sur la salade et mélanger. Réfrigérer 10 à 15 minutes avant de servir.

Nutrition (pour 100g) : 491 calories 35,2 g de lipides 42,9 g de glucides 6 g de protéines 691 mg de sodium

Salade de poires au Roquefort

Temps de préparation : 20 minutes

Temps de cuisson : 10 minutes

Portions : 2

Niveau de difficulté : Moyen

Ingrédients:

- 1 feuille de laitue, déchirée en morceaux de la taille d'une bouchée
- 3 poires - pelées, épépinées et coupées en dés
- 5 onces de Roquefort, émietté
- 1 avocat - pelé, épépiné et coupé en dés
- 1/2 tasse d'oignons verts hachés
- 1/4 tasse de sucre blanc
- 1/2 tasse de noix de pécan
- 1/3 tasse d'huile d'olive
- 3 cuillères à soupe de vinaigre de vin rouge
- 1 1/2 cuillère à café de sucre blanc
- 1 1/2 cuillère à café de moutarde préparée
- 1/2 cuillère à café de poivre noir salé
- 1 gousse d'ail

Les directions:

Incorporer 1/4 tasse de sucre avec les pacanes dans une casserole à feu moyen. Continuez à remuer doucement jusqu'à ce que le sucre caramélisé avec les noix de pécan. Transférer avec précaution les noix sur du papier ciré. Laisser refroidir et casser en morceaux.

Mélanger pour l'huile de vinaigrette, la marinade, 1 1/2 cuillère à café de sucre, la moutarde, l'ail haché, le sel et le poivre.

Dans un bol profond, mélanger la laitue, les poires, le fromage bleu, l'avocat et les oignons verts. Mettre la vinaigrette sur la salade, saupoudrer de pacanes et servir.

Nutrition (pour 100g) : 426 calories 31,6 g de lipides 33,1 g de glucides 8 g de protéines 481 mg de sodium

Salade de haricots mexicaine

Temps de préparation : 15 minutes

Temps de cuisson : 0 minute

Portions : 6

Niveau de difficulté : Facile

Ingrédients:

- 1 boîte de haricots noirs (15 oz), égouttés
- 1 boîte de haricots rouges (15 oz), égouttés
- 1 boîte de haricots blancs (15 oz), égouttés
- 1 poivron vert, émincé
- 1 poivron rouge, émincé
- 1 paquet de grains de maïs surgelés
- 1 oignon rouge, émincé
- 2 cuillères à soupe de jus de citron vert frais
- 1/2 tasse d'huile d'olive
- 1/2 tasse de vinaigre de vin rouge
- 1 cuillère à soupe de jus de citron
- 1 cuillère à soupe de sel
- 2 cuillères à soupe de sucre blanc
- 1 gousse d'ail écrasée
- 1/4 tasse de coriandre hachée
- 1/2 cuillère à soupe de cumin moulu
- 1/2 cuillère à soupe de poivre noir moulu
- 1 trait de sauce au piment fort

- 1/2 cuillère à café de poudre de chili

Les directions:

Mélanger les haricots, les poivrons, le maïs surgelé et l'oignon rouge dans un grand bol. Mélanger l'huile d'olive, le jus de citron vert, le vinaigre de vin rouge, le jus de citron, le sucre, le sel, l'ail, la coriandre, le cumin et le poivre noir dans un petit bol — assaisonner de sauce piquante et de poudre de chili.

Verser la vinaigrette à l'huile d'olive sur les légumes; bien mélanger. Bien refroidir et servir froid.

Nutrition (pour 100g) : 334 calories 14,8 g de lipides 41,7 g de glucides 11,2 g de protéines 581 mg de sodium

Salade de melons

Temps de préparation : 20 minutes

Temps de cuisson : 0 minute

Portions : 6

Niveau de difficulté : Moyen

Ingrédients:

- ¼ cuillère à café de sel de mer
- ¼ cuillère à café de poivre noir
- 1 cuillère à soupe de vinaigre balsamique
- 1 cantaloup, coupé en quartiers et épépiné
- 12 pastèques, petites et sans pépins
- 2 tasses de boules de mozzarella, fraîches
- 1/3 tasse de basilic, frais et déchiré
- 2 cuillères à soupe. huile d'olive

Les directions:

Grattez les boules de cantaloup et placez-les dans une passoire au-dessus d'un bol de service. Utilisez votre cuillère à melon pour couper également la pastèque, puis mettez-la avec votre cantaloup.

Laissez vos fruits s'égoutter pendant dix minutes, puis réfrigérez le jus pour une autre recette. Il peut même être ajouté aux smoothies. Essuyez le bol, puis placez-y vos fruits.

Ajoutez le basilic, l'huile, le vinaigre, la mozzarella et les tomates avant d'assaisonner de sel et de poivre. Mélanger délicatement et servir immédiatement ou frais.

Nutrition (pour 100g) : 218 Calories 13g Lipides 9g Glucides 10g Protéines 581mg Sodium

Salade de céleri à l'orange

Temps de préparation : 15 minutes

Temps de cuisson : 0 minute

Portions : 6

Niveau de difficulté : Facile

Ingrédients:

- 1 cuillère à soupe de jus de citron, frais
- ¼ cuillère à café de sel de mer fin
- ¼ cuillère à café de poivre noir
- 1 cuillère à soupe de saumure d'olive
- 1 cuillère à soupe d'huile d'olive
- ¼ tasse d'oignon rouge, tranché
- ½ tasse d'olives vertes
- 2 oranges, pelées et tranchées
- 3 branches de céleri, coupées en diagonale en tranches de ½ pouce

Les directions:

Mettez vos oranges, olives, oignons et céleri dans un bol peu profond. Dans un autre bol, fouettez votre huile, la saumure d'olive et le jus de citron, versez-le sur votre salade. Assaisonner de sel et de poivre avant de servir.

Nutrition (pour 100g) : 65 Calories 7g Lipides 9g Glucides 2g Protéines 614mg Sodium

Salade De Brocoli Rôti

Temps de préparation : 20 minutes

Temps de cuisson : 10 minutes

Portions : 4

Niveau de difficulté : Difficile

Ingrédients:

- 1 lb de brocoli, coupé en fleurons et tige tranché
- 3 cuillères à soupe d'huile d'olive, divisée
- 1 pinte de tomates cerises
- 1 ½ cuillères à café de miel, cru et divisé
- 3 tasses de pain en cubes, grains entiers
- 1 cuillère à soupe de vinaigre balsamique
- ½ cuillère à café de poivre noir
- ¼ cuillère à café de sel de mer fin
- parmesan râpé pour servir

Les directions:

Préparez le four à 450 degrés, puis sortez une plaque à pâtisserie à rebords. Mettez-le au four pour le réchauffer. Arrosez votre brocoli avec une cuillère à soupe d'huile et mélangez pour enrober.

Retirer la plaque du four et y déposer le brocoli. Laissez l'huile au fond du bol, ajoutez vos tomates, mélangez pour enrober, puis mélangez vos tomates avec une cuillère à soupe de miel. Versez-les sur la même plaque à pâtisserie que vos brocolis.

Enfournez une quinzaine de minutes et remuez à mi-cuisson. Ajoutez votre pain, puis faites rôtir pendant trois minutes supplémentaires. Fouetter deux cuillères à soupe d'huile, le vinaigre et le miel restant. Assaisonnez avec du sel et du poivre. Versez-le sur votre mélange de brocolis pour servir.

Nutrition (pour 100g) : 226 Calories 12g Lipides 26g Glucides 7g Protéines 581mg Sodium

Salade de tomates

Temps de préparation : 20 minutes

Temps de cuisson : 0 minute

Portions : 4

Niveau de difficulté : Facile

Ingrédients:

- 1 concombre, tranché
- ¼ tasse de tomates séchées au soleil, hachées
- 1 lb de tomates, en cubes
- ½ tasse d'olives noires
- 1 oignon rouge, tranché
- 1 cuillère à soupe de vinaigre balsamique
- ¼ tasse de persil, frais et haché
- 2 cuillères à soupe d'huile d'olive
- sel de mer et poivre noir au goût

Les directions:

Sortez un bol et mélangez tous vos légumes ensemble. Pour réaliser votre vinaigrette mélangez tous vos assaisonnements, huile d'olive et vinaigre. Mélangez avec votre salade et servez frais.

Nutrition (pour 100g) : 126 Calories 9,2 g Lipides 11,5 g Glucides 2,1 g Protéines 681 mg Sodium

Salade de betteraves féta

Temps de préparation : 15 minutes

Temps de cuisson : 0 minute

Portions : 4

Niveau de difficulté : Facile

Ingrédients:

- 6 betteraves rouges, cuites et épluchées
- 3 onces de fromage feta, en cubes
- 2 cuillères à soupe d'huile d'olive
- 2 cuillères à soupe de vinaigre balsamique

Les directions:

Mélangez le tout, puis servez.

Nutrition (pour 100g) : 230 Calories 12g Lipides 26,3g Glucides 7,3g Protéines 614mg Sodium

Salade de chou-fleur et tomates

Temps de préparation : 15 minutes
Temps de cuisson : 0 minute
Portions : 4
Niveau de difficulté : Facile

Ingrédients:

- 1 tête de chou-fleur, hachée
- 2 cuillères à soupe de persil, frais et haché
- 2 tasses de tomates cerises, coupées en deux
- 2 cuillères à soupe de jus de citron, frais
- 2 cuillères à soupe de pignons de pin
- sel de mer et poivre noir au goût

Les directions:

Mélangez votre jus de citron, vos tomates cerises, votre chou-fleur et votre persil ensemble, puis assaisonnez. Garnir de pignons de pin et bien mélanger avant de servir.

Nutrition (pour 100g) : 64 Calories 3,3 g Lipides 7,9 g Glucides 2,8 g Protéines 614 mg Sodium

Pilaf au fromage à la crème

Temps de préparation : 20 minutes

Temps de cuisson : 10 minutes

Portions : 6

Niveau de difficulté : Moyen

Ingrédients:

- 2 tasses de riz jaune à grains longs, étuvé
- 1 tasse d'oignon
- 4 oignons verts
- 3 cuillères à soupe de beurre
- 3 cuillères à soupe de bouillon de légumes
- 2 cuillères à café de poivre de cayenne
- 1 cuillère à café de paprika
- ½ cuillère à café de clous de girofle, émincés
- 2 cuillères à soupe de feuilles de menthe, fraîches et hachées
- 1 bouquet de feuilles de menthe fraîche pour décorer
- 1 cuillère à soupe d'huile d'olive
- sel de mer et poivre noir au goût
- <u>Crème de Fromage :</u>
- 3 cuillères à soupe d'huile d'olive
- sel de mer et poivre noir au goût
- 9 onces de fromage à la crème

Les directions:

Préparez le four à 360 degrés, puis sortez une casserole. Faites chauffer votre beurre et votre huile d'olive ensemble, et faites cuire vos oignons et ciboules pendant deux minutes.

Ajoutez votre sel, poivre, paprika, clous de girofle, bouillon de légumes, riz et assaisonnement restant. Faire revenir trois minutes. Envelopper de papier d'aluminium et cuire encore une demi-heure. Laissez-le refroidir.

Incorporer le fromage à la crème, le fromage, l'huile d'olive, le sel et le poivre. Servez votre pilaf garni de feuilles de menthe fraîche.

Nutrition (pour 100g) : 364 Calories 30g Lipides 20g Glucides 5g Protéines 511mg Sodium

Salade d'aubergines rôties

Temps de préparation : 10 minutes

Temps de cuisson : 20 minutes

Portions : 6

Niveau de difficulté : Facile

Ingrédients:

- 1 oignon rouge, tranché
- 2 cuillères à soupe de persil, frais et haché
- 1 cuillère à café de thym
- 2 tasses de tomates cerises, coupées en deux
- sel de mer et poivre noir au goût
- 1 cuillère à café d'origan
- 3 cuillères à soupe d'huile d'olive
- 1 cuillère à café de basilic
- 3 aubergines, pelées et coupées en cubes

Les directions:

Commencez par chauffer votre four à 350. Assaisonnez vos aubergines avec du basilic, du sel, du poivre, de l'origan, du thym et de l'huile d'olive. Placez-le sur une plaque allant au four et enfournez pour une demi-heure. Mélanger avec le reste des ingrédients avant de servir.

Nutrition (pour 100g) : 148 Calories 7,7 g Lipides 20,5 g Glucides 3,5 g Protéines 660 mg Sodium

Légumes Rôtis

Temps de préparation : 5 minutes

Temps de cuisson : 15 minutes

Portions : 12

Niveau de difficulté : Facile

Ingrédients:

- 6 gousses d'ail
- 6 cuillères à soupe d'huile d'olive
- 1 bulbe de fenouil, coupé en dés
- 1 courgette, coupée en dés
- 2 poivrons rouges, coupés en dés
- 6 pommes de terre, grosses et coupées en dés
- 2 cuillères à café de sel de mer
- ½ tasse de vinaigre balsamique
- ¼ tasse de romarin, haché et frais
- 2 cuillères à café de bouillon de légumes en poudre

Les directions:

Commencez par chauffer votre four à 400. Mettez vos pommes de terre, fenouil, courgette, ail et fenouil sur un plat allant au four, arrosé d'huile d'olive. Saupoudrer de sel, de poudre de bouillon et de romarin. Bien mélanger, puis cuire au four à 450 pendant trente à quarante minutes. Mélangez votre vinaigre aux légumes avant de servir.

Nutrition (pour 100g) : 675 Calories 21g Lipides 112g Glucides 13g Protéines 718mg Sodium

Salade de pistaches et roquette

Temps de préparation : 20 minutes

Temps de cuisson : 0 minute

Portions : 6

Niveau de difficulté : Facile

Ingrédients:

- 6 tasses de chou frisé, haché
- ¼ tasse d'huile d'olive
- 2 cuillères à soupe de jus de citron, frais
- ½ cuillère à café de paprika fumé
- 2 tasses de roquette
- 1/3 tasse de pistaches, non salées et décortiquées
- 6 cuillères à soupe de parmesan, râpé

Les directions:

Sortez un saladier et mélangez votre huile, citron, paprika fumé et chou frisé. Massez doucement les feuilles pendant une demi-minute. Votre chou doit être bien enrobé. Mélangez délicatement votre roquette et vos pistaches au moment de servir.

Nutrition (pour 100g) : 150 Calories 12g Lipides 8g Glucides 5g Protéines 637mg Sodium

Risotto d'orge au parmesan

Temps de préparation : 10 minutes

Temps de cuisson : 20 minutes

Portions : 6

Niveau de difficulté : Difficile

Ingrédients:

- 1 tasse d'oignon jaune, haché
- 1 cuillère à soupe d'huile d'olive
- 4 tasses de bouillon de légumes, faible en sodium
- 2 tasses d'orge perlé, non cuit
- ½ tasse de vin blanc sec
- 1 tasse de parmesan, râpé fin et divisé
- sel de mer et poivre noir au goût
- ciboulette fraîche, hachée pour le service
- quartiers de citron pour servir

Les directions:

Versez votre bouillon dans une casserole et portez-le à ébullition à feu moyen-vif. Sortez une marmite et mettez-la également à feu moyen-élevé. Faites chauffer votre huile avant d'ajouter votre oignon. Cuire pendant huit minutes et remuer de temps en temps. Ajoutez votre orge et faites cuire encore deux minutes. Incorporer votre orge, cuire jusqu'à ce qu'il soit grillé.

Verser le vin, cuire encore une minute. La plupart du liquide devrait s'être évaporé avant d'être ajouté dans une tasse de bouillon chaud. Cuire et remuer pendant deux minutes. Votre liquide doit être absorbé. Ajouter le reste de bouillon par tasse et cuire jusqu'à ce que chaque tasse soit absorbée. Cela devrait prendre environ deux minutes à chaque fois.

Retirer du feu, ajouter une demi-tasse de fromage et garnir du reste du fromage, de la ciboulette et des quartiers de citron.

Nutrition (pour 100g) : 345 Calories 7g Lipides 56g Glucides 14g Protéines 912mg Sodium

Salade De Fruits De Mer & Avocat

Temps de préparation : 10 minutes

Temps de cuisson : 0 minute

Portions : 4

Niveau de difficulté : Facile

Ingrédients:

- 2 livres. saumon, cuit et haché
- 2 livres. crevettes, cuites et hachées
- 1 tasse d'avocat, haché
- 1 tasse de mayonnaise
- 4 cuillères à soupe de jus de citron vert, frais
- 2 gousses d'ail
- 1 tasse de crème sure
- sel de mer et poivre noir au goût
- ½ oignon rouge, émincé
- 1 tasse de concombre, haché

Les directions:

Commencez par sortir un bol et mélangez votre ail, sel, poivre, oignon, mayonnaise, crème sure et jus de citron vert,

Sortez un bol différent et mélangez votre saumon, vos crevettes, votre concombre et votre avocat.

Ajoutez le mélange de mayonnaise à vos crevettes, puis laissez-le reposer pendant vingt minutes au réfrigérateur avant de servir.

Nutrition (pour 100g) : 394 Calories 30g Lipides 3g Glucides 27g Protéines 815mg Sodium

Salade Méditerranéenne aux Crevettes

Temps de préparation : 40 minutes

Temps de cuisson : 0 minute

Portions : 6

Niveau de difficulté : Facile

Ingrédients:

- 1 ½ lb. crevettes, nettoyées et cuites
- 2 branches de céleri, frais
- 1 oignon
- 2 oignons verts
- 4 œufs, bouillis
- 3 pommes de terre, cuites
- 3 cuillères à soupe de mayonnaise
- sel de mer et poivre noir au goût

Les directions:

Commencez par trancher vos pommes de terre et hacher votre céleri. Tranchez vos œufs et assaisonnez. Mélangez le tout. Mettez vos crevettes sur les œufs, puis servez avec de l'oignon et des oignons verts.

Nutrition (pour 100g) : 207 Calories 6g Lipides 15g Glucides 17g Protéines 664mg Sodium

Salade de pâtes aux pois chiches

Temps de préparation : 10 minutes
Temps de cuisson : 15 minutes
Portions : 6
Niveau de difficulté : Moyen

Ingrédients:

- 2 cuillères à soupe d'huile d'olive
- 16 onces de pâtes rotelles
- ½ tasse d'olives séchées, hachées
- 2 cuillères à soupe d'origan, frais et émincé
- 2 cuillères à soupe de persil, frais et haché
- 1 botte d'oignons verts, hachés
- ¼ tasse de vinaigre de vin rouge
- 15 onces de pois chiches en conserve, égouttés et rincés
- ½ tasse de parmesan, râpé
- sel de mer et poivre noir au goût

Les directions:

Faites bouillir de l'eau et mettez les pâtes al dente et suivez les instructions sur l'emballage. Égouttez-le et rincez-le à l'eau froide.

Sortez une poêle et faites chauffer votre huile d'olive à feu moyen. Ajoutez vos oignons verts, pois chiches, persil, origan et olives. Baisser le feu et faire revenir une vingtaine de minutes de plus. Laisser refroidir ce mélange.

Mélangez votre mélange de pois chiches avec vos pâtes et ajoutez votre fromage râpé, sel, poivre et vinaigre. Laisser refroidir pendant quatre heures ou toute la nuit avant de servir.

Nutrition (pour 100g) : 424 Calories 10g Lipides 69g Glucides 16g Protéines 714mg Sodium

Sauté méditerranéen

Temps de préparation : 10 minutes
Temps de cuisson : 30 minutes
Portions : 4
Niveau de difficulté : Moyen

Ingrédients:

- 2 courgettes
- 1 oignon
- ¼ cuillère à café de sel de mer
- 2 gousses d'ail
- 3 cuillères à café d'huile d'olive, divisées
- 1 lb de poitrines de poulet, désossées
- 1 tasse d'orge à cuisson rapide
- 2 tasses d'eau
- ¼ cuillère à café de poivre noir
- 1 cuillère à café d'origan
- cuillère à café de flocons de piment rouge
- ½ cuillère à café de basilic
- 2 tomates prunes
- ½ tasse d'olives grecques, dénoyautées
- 1 cuillère à soupe de persil, frais

Les directions:

Commencez par retirer la peau de votre poulet, puis coupez-le en plus petits morceaux. Hachez l'ail et le persil, puis hachez vos olives, courgettes, tomates et oignons. Sortez une casserole et portez votre eau à ébullition. Mélangez votre orge et laissez mijoter pendant huit à dix minutes.

Éteignez le feu. Laissez reposer cinq minutes. Sortez une poêle et ajoutez deux cuillères à café d'huile d'olive. Faites sauter votre poulet une fois qu'il est chaud, puis retirez-le du feu. Cuire l'oignon dans le reste de l'huile. Mélangez le reste des ingrédients et laissez cuire encore trois à cinq minutes. Servir chaud.

Nutrition (pour 100g) : 337 Calories 8,6 g Lipides 32,3 g Glucides 31,7 g Protéines 517 mg Sodium

Salade de concombre balsamique

Temps de préparation : 15 minutes
Temps de cuisson : 0 minute
Portions : 4
Niveau de difficulté : Facile

Ingrédients:

- 2/3 gros concombre anglais, coupé en deux et tranché
- 2/3 oignon rouge moyen, coupé en deux et tranché finement
- 5 1/2 cuillères à soupe de vinaigrette balsamique
- 1 1/3 tasse de tomates raisins, coupées en deux
- 1/2 tasse de fromage feta émietté

Les directions:

Dans un grand bol, mélanger le concombre, les tomates et l'oignon. Ajouter la vinaigrette; jeter au revêtement. Réfrigérer, couvert, jusqu'au moment de servir. Juste avant de servir, incorporer le fromage. Servir avec une cuillère à café trouée.

Nutrition (pour 100g) : 250 calories 12 g de lipides 15 g de glucides 34 g de protéines 633 mg de sodium

Galettes de bœuf Kefta avec salade de concombre

Temps de préparation : 10 minutes
Temps de cuisson : 15 minutes
Portions : 2
Niveau de difficulté : Difficile

Ingrédients:

- aérosol de cuisson
- 1/2 livre de surlonge hachée
- 2 cuillères à soupe plus 2 cuillères à soupe de persil plat frais haché, divisé
- 1 1/2 cuillères à café de gingembre frais pelé et haché
- 1 cuillère à café de coriandre moulue
- 2 cuillères à soupe de coriandre fraîche hachée
- 1/4 cuillère à café de sel
- 1/2 cuillère à café de cumin moulu
- 1/4 cuillère à café de cannelle moulue
- 1 tasse de concombres anglais tranchés finement
- 1 cuillère à soupe de vinaigre de riz
- 1/4 tasse de yogourt grec nature sans gras
- 1 1/2 cuillères à café de jus de citron frais
- 1/4 cuillère à café de poivre noir fraîchement moulu
- 1 pitas (6 pouces), coupés en quartiers

Les directions:

Faites chauffer une poêle à griller à feu moyen-élevé. Enduire la poêle d'un enduit à cuisson. Mélanger le bœuf, 1/4 verre de persil, la coriandre et les 5 éléments suivants dans un bol moyen. Diviser la combinaison en 4 portions identiques, façonnant chacune en une galette de 1/2 pouce d'épaisseur. Ajouter les galettes à la poêle; cuire des deux côtés jusqu'au degré de cuisson désiré.

Mélanger le concombre et le vinaigre dans un bol moyen; bien jeter. Mélanger le yogourt sans gras, les 2 cuillères à soupe de persil restantes, le jus et le poivre dans un petit bol; remuer avec un fouet. Mettre en place 1 galette et 1/2 tasse de mélange de concombre sur chacune des 4 porcelaines. Garnir chaque offrande d'environ 2 cuillères à soupe d'épices pour yogourt. Servir chacun avec 2 pointes de pita.

Nutrition (pour 100g) : 116 calories 5 g de lipides 11 g de glucides 28 g de protéines 642 mg de sodium

Salade de poulet et concombre au pesto de persil

Temps de préparation : 15 minutes
Temps de cuisson : 5 minutes
Portions : 8
Niveau de difficulté : Facile

Ingrédients:

- 2 2/3 tasses de feuilles de persil plat frais emballées
- 1 1/3 tasse de pousses d'épinards frais
- 1 1/2 cuillères à soupe de pignons de pin grillés
- 1 1/2 cuillères à soupe de parmesan râpé
- 2 1/2 cuillères à soupe de jus de citron frais
- 1 1/3 cuillères à café de sel casher
- 1/3 cuillère à café de poivre noir
- 1 1/3 gousses d'ail moyennes, écrasées
- 2/3 tasse d'huile d'olive extra vierge
- 5 1/3 tasses de poulet rôti râpé (à partir de 1 poulet)
- 2 2/3 tasses d'edamame cuits décortiqués
- 1 1/2 boîtes 1 (15 oz) de pois chiches non salés, égouttés et rincés
- 1 1/3 tasse de concombres anglais hachés
- 5 1/3 tasses de roquette non tassée

Les directions:

Mélanger le persil, les épinards, le jus de citron, les pignons, le fromage, l'ail, le sel et le poivre dans un robot culinaire ; traiter environ 1 minute. Avec le processeur en marche, ajoutez de l'huile; processus jusqu'à consistance lisse, environ 1 minute.

Mélanger le poulet, les edamames, les pois chiches et le concombre dans un grand bol. Ajouter le pesto; mélanger pour combiner.

Placer 2/3 tasse de roquette dans chacun des 6 bols; garnir chacun de 1 tasse de mélange de salade de poulet. Sers immédiatement.

Nutrition (pour 100g) : 116 calories 12 g de lipides 3 g de glucides 9 g de protéines 663 mg de sodium

Salade de roquette facile

Temps de préparation : 15 minutes

Temps de cuisson : 0 minute

Portions : 6

Niveau de difficulté : Facile

Ingrédients:

- 6 tasses de jeunes feuilles de roquette, rincées et séchées
- 1 1/2 tasse de tomates cerises, coupées en deux
- 6 cuillères à soupe de pignons de pin
- 3 cuillères à soupe d'huile de pépins de raisin ou d'huile d'olive
- 1 1/2 cuillères à soupe de vinaigre de riz
- 3/8 cuillère à café de poivre noir fraîchement moulu au goût
- 6 cuillères à soupe de parmesan râpé
- 3/4 cuillère à café de sel au goût
- 1 1/2 gros avocats - pelés, dénoyautés et tranchés

Les directions:

Dans un grand plat en plastique avec un couvercle, incorporer la roquette, les tomates cerises, les produits à base de pignons de pin, l'huile, le vinaigre et le parmesan. Période de sel et de poivre pour aromatiser. Couvrir et essorer pour mélanger.

Séparer la salade sur la porcelaine et garnir de tranches d'avocat.

Nutrition (pour 100g) : 120 calories 12 g de lipides 14 g de glucides 25 g de protéines 736 mg de sodium

Salade de féta et pois chiches

Temps de préparation : 10 minutes

Temps de cuisson : 0 minute

Portions : 6

Niveau de difficulté : Facile

Ingrédients:

- 1 1/2 boîtes (15 onces) de pois chiches
- 1 1/2 boîtes (2-1/4 onces) d'olives mûres tranchées, égouttées
- 1 1/2 tomates moyennes
- 6 cuillères à soupe d'oignons rouges émincés
- 2 1/4 tasses 1-1/2 concombres anglais hachés grossièrement
- 6 cuillères à soupe de persil frais haché
- 4 1/2 cuillères à soupe d'huile d'olive
- 3/8 cuillère à café de sel
- 1 1/2 cuillères à soupe de jus de citron
- 3/16 cuillère à café de poivre
- 7 1/2 tasses de salade verte
- 3/4 tasse de fromage feta émietté

Les directions:

Transférer tous les ingrédients dans un grand bol; mélanger pour combiner. Ajouter le parmesan.

Nutrition (pour 100g) : 140 calories 16 g de lipides 10 g de glucides 24 g de protéines 817 mg de sodium

Bols de riz brun et sauvage à la grecque

Temps de préparation : 15 minutes

Temps de cuisson : 5 minutes

Portions : 4

Niveau de difficulté : Facile

Ingrédients:

- 2 paquets (8-1/2 onces) de mélange de riz brun et sauvage à grains entiers prêts à servir
- 1 avocat mûr moyen, pelé et tranché
- 1 1/2 tasse de tomates cerises, coupées en deux
- 1/2 tasse de vinaigrette grecque, divisée
- 1/2 tasse de fromage feta émietté
- 1/2 tasse d'olives grecques dénoyautées, tranchées
- persil frais émincé, facultatif

Les directions:

Dans un plat allant au micro-ondes, mélanger le mélange de céréales et 2 cuillères à soupe de vinaigrette. Couvrir et cuire à feu vif jusqu'à ce que le tout soit chaud, environ 2 minutes. Répartir entre 2 bols. Meilleur avec de l'avocat, des légumes à la tomate, du fromage, des olives, des restes de vinaigrette et, si désiré, du persil.

Nutrition (pour 100g) : 116 calories 10 g de lipides 9 g de glucides 26 g de protéines 607 mg de sodium

Salade Grecque Dîner

Temps de préparation : 10 minutes

Temps de cuisson : 0 minute

Portions : 4

Niveau de difficulté : Facile

Ingrédients:

- 2 1/2 cuillères à soupe de persil frais haché grossièrement
- 2 cuillères à soupe d'aneth frais haché grossièrement
- 2 cuillères à café de jus de citron frais
- 2/3 cuillère à café d'origan séché
- 2 cuillères à café d'huile d'olive extra vierge
- 4 tasses de laitue romaine râpée
- 2/3 tasse d'oignons rouges tranchés finement
- 1/2 tasse de fromage feta émietté
- 2 tasses de tomates en dés
- 2 cuillères à café de câpres
- 2/3 de concombre, pelé, coupé en quatre dans le sens de la longueur et tranché finement
- 2/3 (19 onces) boîtes de pois chiches, égouttés et rincés
- 4 pitas de blé entier (6 pouces), chacun coupé en 8 quartiers

Les directions:

Combinez les 5 premières substances dans un plat assez grand; remuer avec un fouet. Ajouter un membre de la famille des laitues et les 6 ingrédients suivants (laitue aux pois chiches); bien jeter. Servir avec des pointes de pita.

Nutrition (pour 100g) : 103 calories 12 g de lipides 8 g de glucides 36 g de protéines 813 mg de sodium

Salade de citron et fenouil

Temps de préparation : 15 minutes

Temps de cuisson : 5 minutes

Portions : 2

Niveau de difficulté : Moyen

Ingrédients:

- 1/2 cuillère à café de coriandre moulue
- 1/4 cuillère à café de sel
- 1/8 cuillère à café de poivre noir fraîchement moulu
- 2 1/2 cuillères à café d'huiles d'olive extra-vierge, divisées
- 1/4 cuillère à café de cumin moulu
- 1 gousse d'ail, émincée
- 2 filets de flétan (6 onces)
- 1 tasse de bulbe de fenouil
- 2 cuillères à soupe d'oignons rouges tranchés finement verticalement
- 1 cuillère à soupe de jus de citron frais
- 1 1/2 cuillères à café de persil plat haché
- 1/2 cuillère à café de feuilles de thym frais

Les directions:

Mélanger les 4 premières substances dans un petit plat. Mélanger 1/2 cuillère à café de mélange d'épices, 2 cuillères à café d'huile et l'ail dans un petit bol; frotter uniformément le mélange de gousses d'ail sur le poisson. Faites chauffer 1 cuillère à café d'huile dans une grande poêle antiadhésive à température moyenne-élevée. Ajouter le poisson à la poêle; cuire 5 minutes de chaque côté ou jusqu'au niveau de cuisson désiré.

Mélanger les 3/4 cuillères à thé de mélange d'épices restantes, les 2 cuillères à thé d'huile restantes, l'ampoule de fenouil et les substances restantes dans un bol moyen, en remuant bien pour enrober. Prévoyez une salade de fruits de mer.

Nutrition (pour 100g) : 110 calories 9 g de lipides 11 g de glucides 29 g de protéines 558 mg de sodium

Salade grecque de poulet aux herbes

Temps de préparation : 10 minutes

Temps de cuisson : 10 minutes

Portions : 2

Niveau de difficulté : Moyen

Ingrédients:

- 1/2 cuillère à café d'origan séché
- 1/4 cuillère à café d'ail en poudre
- 3/8 cuillère à café de poivre noir, divisé
- aérosol de cuisson
- Poitrines de poulet désossées et sans peau de 1/2 livre, coupées en cubes de 1 pouce
- 1/4 cuillère à café de sel, divisé
- 1/2 tasse de yogourt nature sans gras
- 1 cuillère à café de tahini (pâte de graines de sésame)
- 2 1/2 c. jus de citron frais
- 1/2 cuillère à café d'ail émincé en bouteille
- 4 tasses de laitue romaine hachée
- 1/2 tasse de concombres anglais pelés et hachés
- 1/2 tasse de tomates raisins, coupées en deux
- 3 olives kalamata dénoyautées, coupées en deux
- 2 cuillères à soupe (1 once) de fromage feta émietté

Les directions:

Mélanger l'origan, la poudre naturelle d'ail, 1/2 cuillère à café de poivre et 1/4 cuillère à café de sel dans un bol. Chauffer une poêle antiadhésive à feu moyen-élevé. Casserole de revêtement avec un aérosol de cuisson. Ajouter la combinaison de volaille et d'épices; faire sauter jusqu'à ce que la volaille soit cuite. Arroser avec 1 cuillère à café de jus; remuer. Retirer de la poêle.

Mélanger les 2 cuillères à café restantes de jus, le reste de 1/4 cuillère à café de sodium, le 1/4 cuillère à café restant de poivre, le yogourt, le tahini et l'ail dans un petit bol ; bien mélanger. Mélanger le membre de la famille de la laitue, le concombre, les tomates et les olives. Mettre 2 1/2 tasses de mélange de laitue sur chacune des 4 assiettes. Garnir chaque portion de 1/2 tasse de combinaison de poulet et 1 cuillère à café de fromage. Arroser chaque portion de 3 cuillères à soupe de combinaison de yogourt

Nutrition (pour 100g) : 116 calories 11 g de lipides 15 g de glucides 28 g de protéines 634 mg de sodium

Salade de couscous grec

Temps de préparation : 10 minutes
Temps de cuisson : 15 minutes
Portions : 10
Niveau de difficulté : Facile

Ingrédients:

- 1 boîte (14 1/2 onces) de bouillon de poulet à teneur réduite en sodium
- 1 1/2 tasse 1-3/4 couscous de blé entier non cuit (environ 11 onces)
- Pansement:
- 6 1/2 cuillères à soupe d'huile d'olive
- 1 1/4 cuillères à café 1-1/2 zeste de citron râpé
- 3 1/2 cuillères à soupe de jus de citron
- 13/16 cuillères à café d'assaisonnements adobo
- 3/16 cuillère à café de sel
- Salade:
- 1 2/3 tasses de tomates raisins, coupées en deux
- 5/6 concombre anglais, coupé en deux sur la longueur et tranché
- 3/4 tasse de persil frais haché grossièrement
- 1 boîte (6-1/2 onces) d'olives mûres tranchées, égouttées
- 6 1/2 cuillères à soupe de fromage feta émietté
- 3 1/3 oignons verts, hachés

Les directions:

Dans une grande casserole, porter le bouillon à ébullition. Incorporer le couscous. Retirer du feu; laisser reposer, couvert, jusqu'à ce que le bouillon soit absorbé, environ 5 minutes. Transférer dans un plat de bonne taille; refroidir complètement.

Battre ensemble les substances de vinaigrette. Ajouter le concombre, les légumes aux tomates, le persil, les olives et les oignons verts au couscous; incorporer la vinaigrette. Incorporer délicatement le fromage. Fournir immédiatement ou réfrigérer et servir glacé.

Nutrition (pour 100g) : 114 calories 13 g de lipides 18 g de glucides 27 g de protéines 811 mg de sodium

Omelette frite Denver

Temps de préparation : 10 minutes

Temps de cuisson : 30 minutes

Portions : 4

Niveau de difficulté : Moyen

Ingrédients:

- 2 cuillères à soupe de beurre
- 1/2 oignon, viande hachée
- 1/2 poivron vert, émincé
- 1 tasse de jambon cuit haché
- 8 œufs
- 1/4 tasse de lait
- 1/2 tasse de fromage cheddar râpé et poivre noir moulu au goût

Les directions:

Préchauffer le four à 200 degrés C (400 degrés F). Beurrer un plat de cuisson rond de 10 pouces.

Faire fondre le beurre à feu moyen; cuire et remuer l'oignon et le poivron jusqu'à ce qu'ils soient tendres, environ 5 minutes. Incorporer le jambon et poursuivre la cuisson jusqu'à ce que tout soit chaud pendant 5 minutes.

Battre les œufs et le lait dans un grand bol. Incorporer le mélange de fromage cheddar et de jambon; Assaisonner avec du sel et du poivre noir. Verser le mélange dans un plat allant au four. Cuire au four, environ 25 minutes. Servir chaud.

Nutrition (pour 100g) : 345 Calories 26,8 g Lipides 3,6 g Glucides 22,4 g Protéines 712 mg Sodium

Poêle à Saucisse

Temps de préparation : 25 minutes

Temps de cuisson : 60 minutes

Portions : 12

Niveau de difficulté : Moyen

Ingrédients:

- Saucisse à déjeuner à la sauge de 1 livre,
- 3 tasses de pommes de terre râpées, égouttées et pressées
- 1/4 tasse de beurre fondu,
- 12 oz de fromage cheddar doux râpé
- 1/2 tasse d'oignon, râpé
- 1 petit contenant de fromage cottage (16 oz)
- 6 oeufs géants

Les directions:

Mettre le four à 190°C. Graisser légèrement un plat à four carré de 9 x 13 pouces.

Placez la saucisse dans une grande poêle à frire. Cuire à feu moyen jusqu'à consistance lisse. Égoutter, émietter et réserver.

Mélanger les pommes de terre râpées et le beurre dans le plat de cuisson préparé. Couvrir le fond et les côtés du plat avec le mélange. Mélanger dans un bol les saucisses, le cheddar, l'oignon, le fromage cottage et les œufs. Verser sur le mélange de pommes de terre. Laissez cuire.

Laisser refroidir 5 minutes avant de servir.

Nutrition (pour 100g) : 355 Calories 26,3 g Lipides 7,9 g Glucides 21,6 g Protéines 755 mg Sodium.

Crevettes marinées grillées

Temps de préparation : 30 minutes
Temps de cuisson : 60 minutes
Portions : 6
Niveau de difficulté : Facile

Ingrédients:

- 1 tasse d'huile d'olive,
- 1/4 tasse de persil frais haché
- 1 citron, pressé,
- 3 gousses d'ail, hachées finement
- 1 cuillère à soupe de purée de tomates
- 2 cuillères à café d'origan séché,
- 1 cuillère à café de sel
- 2 cuillères à soupe de sauce au piment fort
- 1 cuillère à café de poivre noir moulu,
- 2 livres de crevettes, décortiquées et dénudées de queues

Les directions:

Mélanger l'huile d'olive, le persil, le jus de citron, la sauce piquante, l'ail, la purée de tomates, l'origan, le sel et le poivre noir dans un bol. Réservez une petite quantité pour enfiler plus tard. Remplissez le grand sac en plastique refermable de marinade et de crevettes. Fermez et laissez refroidir pendant 2 heures.

Préchauffer le gril à feu moyen. Enfiler les crevettes sur des brochettes, piquer une fois à la queue et une fois à la tête. Jeter la marinade.

Huiler légèrement le gril. Cuire les crevettes 5 minutes de chaque côté ou jusqu'à ce qu'elles soient opaques, arroser souvent avec la marinade réservée.

Nutrition (pour 100g) : 447 Calories 37,5g Lipides 3,7g Glucides 25,3g Protéines 800mg Sodium

Casserole d'oeufs à la saucisse

Temps de préparation : 20 minutes
Temps de cuisson : 1 heure 10 minutes
Portions : 12
Niveau de difficulté : Moyen

Ingrédients:

- Saucisse de porc hachée finement de 3/4 de livre
- 1 cuillère à soupe de beurre
- 4 oignons verts, viande hachée
- 1/2 livre de champignons frais
- 10 œufs battus
- 1 contenant (16 grammes) de fromage cottage faible en gras
- 1 livre de fromage Monterey Jack, râpé
- 2 boîtes de poivron vert coupé en dés, égoutté
- 1 tasse de farine, 1 cuillère à café de levure chimique
- 1/2 cuillère à café de sel
- 1/3 tasse de beurre fondu

Les directions:

Mettez la saucisse dans une poêle à frire. Cuire à feu moyen jusqu'à consistance lisse. Égoutter et réserver. Faites fondre le beurre dans une poêle, faites cuire et remuez les oignons verts et les champignons jusqu'à ce qu'ils soient tendres.

Mélanger les œufs, le fromage cottage, le fromage Monterey Jack et les poivrons dans un grand bol. Incorporer les saucisses, les oignons verts et les champignons. Couvrir et passer la nuit au réfrigérateur.

Réglez le four à 175°C (350°F). Beurrer un plat de cuisson léger de 9 x 13 pouces.

Tamiser la farine, la levure et le sel dans un bol. Incorporer le beurre fondu. Incorporer le mélange de farine au mélange d'œufs. Verser dans le plat de cuisson préparé. Cuire jusqu'à ce qu'ils soient légèrement dorés. Laisser reposer 10 minutes avant de servir.

Nutrition (pour 100g) : 408 Calories 28,7 g Lipides 12,4 g Glucides 25,2 g Protéines 1095 mg Sodium

Carrés d'omelette au four

Temps de préparation : 15 minutes
Temps de cuisson : 30 minutes
Portions : 8
Niveau de difficulté : Facile

Ingrédients:

- 1/4 tasse de beurre
- 1 petit oignon, viande hachée
- 1 1/2 tasse de fromage cheddar râpé
- 1 boîte de champignons tranchés
- 1 boîte de jambon cuit d'olives noires en tranches (facultatif)
- piments jalapenos tranchés (facultatif)
- 12 œufs, œufs brouillés
- 1/2 tasse de lait
- sel et poivre au goût

Les directions:

Préparez le four à 205°C (400°F). Beurrer un plat allant au four de 9 x 13 pouces.

Cuire le beurre dans une poêle à feu moyen et cuire l'oignon jusqu'à ce qu'il soit cuit.

Disposez le cheddar au fond du plat de cuisson préparé. Couche de champignons, d'olives, d'oignons frits, de jambon et de piments jalapenos. Mélanger les œufs dans un bol avec le lait, le sel et le poivre. Verser le mélange d'œufs sur les ingrédients, mais ne pas mélanger.

Cuire au four à découvert et préchauffé, jusqu'à ce qu'il n'y ait plus de liquide qui coule au milieu et qu'il soit brun clair au-dessus. Laisser refroidir un peu, puis le couper en carrés et servir.

Nutrition (pour 100g) : 344 Calories 27,3 g Lipides 7,2 g Glucides 17,9 g Protéines 1087 mg Sodium

Champignons avec un glaçage à la sauce soja

Temps de préparation : 5 minutes
Temps de cuisson : 10 minutes
Portions : 2
Niveau de difficulté : Moyen

Ingrédients:

- 2 cuillères à soupe de beurre
- 1 (8 onces) paquet de champignons blancs tranchés
- 2 gousses d'ail, hachées
- 2 cuillères à café de sauce soja
- poivre noir moulu au goût

Les directions:

Cuire le beurre dans une poêle à feu moyen; incorporer les champignons; cuire et remuer jusqu'à ce que les champignons soient tendres et libérés environ 5 minutes. Incorporer l'ail; continuer la cuisson et remuer pendant 1 minute. Verser la sauce soja; cuire les champignons dans la sauce soja jusqu'à ce que le liquide se soit évaporé, environ 4 minutes.

Nutrition (pour 100g) : 135 Calories 11,9 g Lipides 5,4 g Glucides

Oeufs au pepperoni

Temps de préparation : 10 minutes

Temps de cuisson : 20 minutes

Portions : 2

Niveau de difficulté : Moyen

Ingrédients:

- 1 tasse de substitut d'œuf
- 1 oeuf
- 3 oignons verts, viande hachée
- 8 tranches de pepperoni, coupées en dés
- 1/2 cuillère à café d'ail en poudre
- 1 cuillère à café de beurre fondu
- 1/4 tasse de fromage romano râpé
- sel et poivre noir moulu au goût

Les directions:

Mélanger le substitut d'œuf, l'œuf, les oignons verts, les tranches de pepperoni et la poudre d'ail dans un bol.

Cuire le beurre dans une poêle antiadhésive à feu doux; Ajouter le mélange d'œufs, fermer la poêle et cuire 10 à 15 minutes. Saupoudrer les œufs de Romano et assaisonner de sel et de poivre.

Nutrition (pour 100g) : 266 Calories 16,2 g Lipides 3,7 g Glucides 25,3 g Protéines 586 mg Sodium

Petits Gâteaux Aux Oeufs

Temps de préparation : 15 minutes

Temps de cuisson : 20 minutes

Portions : 6

Niveau de difficulté : Moyen

Ingrédients:

- 1 paquet de bacon (12 onces)
- 6 œufs
- 2 cuillères à soupe de lait
- 1/4 cuillère à café de sel
- 1/4 cuillère à café de poivre noir moulu
- 1 ch. Beurre fondu
- 1/4 cuillère à café. Persil séché
- 1/2 tasse de jambon
- 1/4 tasse de fromage mozzarella
- 6 tranches de gouda

Les directions:

Préparez le four à 175°C (350°F). Cuire le bacon à feu moyen, jusqu'à ce qu'il commence à dorer. Séchez les tranches de bacon avec du papier absorbant.

Placer les tranches de bacon dans les 6 tasses du moule à muffins antiadhésif. Trancher le bacon restant et le mettre au fond de chaque tasse.

Mélanger les œufs, le lait, le beurre, le persil, le sel et le poivre. Ajouter le jambon et la mozzarella.

Remplissez les tasses avec le mélange d'œufs; garnir de fromage Gouda.

Cuire au four préchauffé jusqu'à ce que le fromage Gouda soit fondu et que les œufs soient tendres environ 15 minutes.

Nutrition (pour 100g) : 310 Calories 22,9 g Lipides 2,1 g Glucides 23,1 g Protéines 988 mg Sodium.

Crêpes Paléo Amandes Bananes

Temps de préparation : 10 minutes

Temps de cuisson : 10 minutes

Portions : 3

Niveau de difficulté : Moyen

Ingrédients:

- ¼ tasse de farine d'amande
- ½ cuillère à café de cannelle moulue
- 3 oeufs
- 1 banane, en purée
- 1 cuillère à soupe de beurre d'amande
- 1 cuillère à café d'extrait de vanille
- 1 cuillère à café d'huile d'olive
- Banane tranchée pour servir

Les directions:

Fouetter les œufs dans un bol jusqu'à ce qu'ils soient mousseux. Dans un autre bol, écraser la banane à l'aide d'une fourchette et l'ajouter au mélange d'œufs. Ajouter la vanille, le beurre d'amande, la cannelle et la farine d'amande. Mélanger en une pâte lisse. Faites chauffer l'huile d'olive dans une poêle. Ajouter une cuillerée de pâte et les faire frire des deux côtés.

Continuez à faire ces étapes jusqu'à ce que vous ayez terminé avec toute la pâte.

Ajouter quelques tranches de banane sur le dessus avant de servir.

Nutrition (pour 100g) : 306 Calories 26g Lipides 3,6g Glucides 14,4g Protéines 588mg Sodium

Courgettes aux oeufs

Temps de préparation : 5 minutes
Temps de cuisson : 10 minutes
Portions : 2
Niveau de difficulté : Facile

Ingrédients:

- 1 1/2 cuillères à soupe d'huile d'olive
- 2 grosses courgettes, coupées en gros morceaux
- sel et poivre noir moulu au goût
- 2 gros oeufs
- 1 cuillère à café d'eau, ou au choix

Les directions:

Cuire l'huile dans une poêle à feu moyen; faire sauter les courgettes jusqu'à ce qu'elles soient tendres, environ 10 minutes. Bien assaisonner les courgettes.

Battez les œufs à l'aide d'une fourchette dans un bol. Versez de l'eau et battez jusqu'à ce que tout soit bien mélangé. Verser les œufs sur les courgettes; faire bouillir et remuer jusqu'à ce que les œufs brouillés ne coulent plus, environ 5 minutes. Bien assaisonner les courgettes et les œufs.

Nutrition (pour 100g) : 213 Calories 15,7 g Lipides 11,2 g Glucides 10,2 g Protéines 180 mg Sodium

Casserole de petit-déjeuner amish au fromage

Temps de préparation : 10 minutes
Temps de cuisson : 50 min
Portions : 12
Niveau de difficulté : Facile

Ingrédients:

- 1 livre de bacon tranché, en dés,
- 1 oignon doux, viande hachée
- 4 tasses de pommes de terre râpées et surgelées, décongelées
- 9 œufs légèrement battus
- 2 tasses de fromage cheddar râpé
- 1 1/2 tasse de fromage cottage
- 1 1/4 tasse de fromage suisse râpé

Les directions:

Préchauffer le four à 175°C (350°F). Beurrer un plat allant au four de 9 x 13 pouces.

Réchauffer une grande poêle à frire à feu moyen; cuire et remuer le bacon et l'oignon jusqu'à ce que le bacon soit uniformément doré environ 10 minutes. Drainer. Incorporer les pommes de terre, les œufs, le fromage cheddar, le fromage cottage et le fromage suisse. Remplissez le mélange dans un plat de cuisson préparé.

Cuire au four jusqu'à ce que les œufs soient cuits et que le fromage soit fondu 45 à 50 minutes. Laisser reposer 10 minutes avant de couper et de servir.

Nutrition (pour 100g) : 314 Calories 22,8 g Lipides 12,1 g Glucides 21,7 g Protéines 609 mg Sodium

Salade au Roquefort

Temps de préparation : 20 minutes

Temps de cuisson : 25 minutes

Portions : 6

Niveau de difficulté : Facile

Ingrédients:

- 1 feuille de laitue, déchirée en morceaux de la taille d'une bouchée
- 3 poires - pelées, sans noyau et coupées en morceaux
- 5 onces de Roquefort, émietté
- 1/2 tasse d'oignons verts hachés
- 1 avocat - pelé, épépiné et coupé en dés
- 1/4 tasse de sucre blanc
- 1/2 tasse de noix de pécan
- 1 1/2 cuillère à café de sucre blanc
- 1/3 tasse d'huile d'olive,
- 3 cuillères à soupe de vinaigre de vin rouge,
- 1 1/2 cuillères à café de moutarde préparée,
- 1 gousse d'ail hachée,
- 1/2 cuillère à café de poivre noir frais moulu

Les directions:

Incorporer 1/4 tasse de sucre avec les pacanes dans une poêle à feu moyen. Continuez à remuer doucement jusqu'à ce que le sucre soit fondu avec les noix de pécan. Placez soigneusement les noix sur du papier ciré. Réserver et casser en morceaux.

Combinaison pour vinaigrette huile, vinaigre, 1 1/2 cuillère à café de sucre, moutarde, ail haché, sel et poivre.

Dans un grand bol, mélanger la laitue, les poires, le fromage bleu, l'avocat et les oignons verts. Verser la vinaigrette sur la salade, garnir de pacanes et servir.

Nutrition (pour 100g) : 426 Calories 31,6 g Lipides 33,1 g Glucides 8 g Protéines 654 mg Sodium

Riz aux vermicelles

Temps de préparation : 5 minutes

Temps de cuisson : 45 minutes

Portions : 6

Niveau de difficulté : Facile

Ingrédients:

- 2 tasses de riz à grains courts
- 3½ tasses d'eau, et plus pour rincer et faire tremper le riz
- ¼ tasse d'huile d'olive
- 1 tasse de pâtes de vermicelles brisées
- Le sel

Les directions:

Faire tremper le riz sous l'eau froide jusqu'à ce que l'eau soit propre. Mettre le riz dans un bol, couvrir d'eau et laisser tremper 10 minutes. Égoutter et réserver. Cuire l'huile d'olive dans une casserole moyenne à feu moyen.

Incorporer les vermicelles et cuire pendant 2 à 3 minutes, en remuant continuellement, jusqu'à ce qu'ils soient dorés.

Mettre le riz et cuire 1 minute en remuant pour que le riz soit bien enrobé d'huile. Incorporer l'eau et une pincée de sel et porter le liquide à ébullition. Ajuster le feu et laisser mijoter 20 minutes. Retirer du feu et laisser reposer 10 minutes. Aérer à la fourchette et servir.

Nutrition (pour 100g) : 346 calories 9 g de lipides totaux 60 g de glucides 2 g de protéines 0,9 mg de sodium

Fèves et Riz

Temps de préparation : 10 minutes

Temps de cuisson : 35 min

Portions : 4

Niveau de difficulté : Facile

Ingrédients:

- ¼ tasse d'huile d'olive
- 4 tasses de fèves fraîches, décortiquées
- 4½ tasses d'eau, et plus pour arroser
- 2 tasses de riz basmati
- 1/8 cuillère à café de sel
- 1/8 cuillère à café de poivre noir fraîchement moulu
- 2 cuillères à soupe de pignons de pin, grillés
- ½ tasse de ciboulette à l'ail fraîche hachée ou de ciboulette à l'oignon frais

Les directions:

Remplir la casserole d'huile d'olive et cuire à feu moyen. Ajoutez les fèves et arrosez-les d'un peu d'eau pour éviter qu'elles ne brûlent ou ne collent. Cuire 10 minutes.

Incorporer doucement le riz. Ajouter l'eau, le sel et le poivre. Monter le feu et faire bouillir le mélange. Ajustez le feu et laissez mijoter 15 minutes.

Retirez du feu et laissez reposer 10 minutes avant de servir. Verser sur un plat de service et parsemer de pignons de pin grillés et de ciboulette.

Nutrition (pour 100g) : 587 calories 17 g de lipides totaux 97 g de glucides 2 g de protéines 0,6 mg de sodium

Fèves au beurre

Temps de préparation : 30 minutes
Temps de cuisson : 15 minutes
Portions : 4
Niveau de difficulté : Facile

Ingrédients:

- ½ tasse de bouillon de légumes
- 4 livres de fèves, décortiquées
- ¼ tasse d'estragon frais, divisé
- 1 cuillère à café de thym frais haché
- ¼ cuillère à café de poivre noir fraîchement moulu
- 1/8 cuillère à café de sel
- 2 cuillères à soupe de beurre
- 1 gousse d'ail, émincée
- 2 cuillères à soupe de persil frais haché

Les directions:

Faire bouillir le bouillon de légumes dans une casserole peu profonde à feu moyen. Ajouter les fèves, 2 cuillères à soupe d'estragon, le thym, le poivre et le sel. Cuire jusqu'à ce que le bouillon soit presque absorbé et que les haricots soient tendres.

Incorporer le beurre, l'ail et les 2 cuillères à soupe d'estragon restantes. Cuire 2 à 3 minutes. Parsemer de persil et servir chaud.

Nutrition (pour 100g) : 458 calories 9 g de lipides 81 g de glucides 37 g de protéines 691 mg de sodium

Freekeh

Temps de préparation : 10 minutes

Temps de cuisson : 40 min

Portions : 4

Niveau de difficulté : Facile

Ingrédients:

- 4 cuillères à soupe de ghee
- 1 oignon, haché
- 3½ tasses de bouillon de légumes
- 1 cuillère à café de piment de la Jamaïque moulu
- 2 tasses de freekeh
- 2 cuillères à soupe de pignons de pin, grillés

Les directions:

Faire fondre le ghee dans une casserole à fond épais à feu moyen. Incorporer l'oignon et cuire pendant environ 5 minutes, en remuant constamment, jusqu'à ce que l'oignon soit doré. Verser le bouillon de légumes, ajouter le piment de la Jamaïque et porter à ébullition. Incorporer le freekeh et remettre le mélange à ébullition. Ajuster le feu et laisser mijoter 30 minutes en remuant de temps en temps. Verser le freekeh dans un plat de service et garnir de pignons de pin grillés.

Nutrition (pour 100g) : 459 calories 18 g de lipides 64 g de glucides 10 g de protéines 692 mg de sodium

Boulettes de Riz Frites à la Sauce Tomate

Temps de préparation : 15 minutes

Temps de cuisson : 20 minutes

Portions : 8

Niveau de difficulté : Difficile

Ingrédients:

- 1 tasse de chapelure
- 2 tasses de risotto cuit
- 2 gros œufs, divisés
- ¼ tasse de parmesan fraîchement râpé
- 8 boules de mozzarella fraîche ou 1 bûche de mozzarella fraîche (4 pouces), coupée en 8 morceaux
- 2 cuillères à soupe d'eau
- 1 tasse d'huile de maïs
- 1 tasse de sauce tomate basilic de base, ou du commerce

Les directions:

Mettre la chapelure dans un petit bol et réserver. Dans un bol moyen, mélanger le risotto, 1 œuf et le parmesan jusqu'à consistance homogène. Divisez le mélange de risotto en 8 morceaux. Placez-les sur un plan de travail propre et aplatissez chaque morceau.

Placer 1 boule de mozzarella sur chaque disque de riz aplati. Refermer le riz autour de la mozzarella pour former une boule. Répétez jusqu'à ce que vous ayez terminé toutes les boules. Dans le même bol moyen, maintenant vide, fouetter l'œuf restant et l'eau. Tremper chaque boule de risotto préparée dans la dorure à l'œuf et la rouler dans la chapelure. Mettre de côté.

Cuire l'huile de maïs dans une poêle à feu vif. Plongez délicatement les boules de risotto dans l'huile chaude et faites frire 5 à 8 minutes jusqu'à ce qu'elles soient dorées. Remuez-les, au besoin, pour vous assurer que toute la surface est frite. À l'aide d'une écumoire, mettre les boules frites sur du papier absorbant pour les égoutter.

Faites chauffer la sauce tomate dans une casserole moyenne à feu moyen pendant 5 minutes, remuez de temps en temps et servez la sauce chaude avec les boulettes de riz.

Nutrition (pour 100g) : 255 calories 15 g de lipides 16 g de glucides 2 g de protéines 669 mg de sodium

Riz à l'espagnole

Temps de préparation : 10 minutes
Temps de cuisson : 35 min
Portions : 4
Niveau de difficulté : Moyen

Ingrédients:

- ¼ tasse d'huile d'olive
- 1 petit oignon, haché finement
- 1 poivron rouge, épépiné et coupé en dés
- 1½ tasse de riz blanc
- 1 cuillère à café de paprika doux
- ½ cuillère à café de cumin moulu
- ½ cuillère à café de coriandre moulue
- 1 gousse d'ail, émincée
- 3 cuillères à soupe de concentré de tomate
- 3 tasses de bouillon de légumes
- 1/8 cuillère à café de sel

Les directions:

Cuire l'huile d'olive dans une grande poêle à fond épais à feu moyen. Incorporer l'oignon et le poivron rouge. Cuire 5 minutes ou jusqu'à ce qu'ils ramollissent. Ajouter le riz, le paprika, le cumin et la coriandre et cuire 2 minutes en remuant souvent.

Ajouter l'ail, la pâte de tomate, le bouillon de légumes et le sel. Remuez bien et assaisonnez, au besoin. Laisser le mélange bouillir. Baisser le feu et laisser mijoter 20 minutes.

Réserver 5 minutes avant de servir.

Nutrition (pour 100g) : 414 calories 14 g de lipides 63 g de glucides 2 g de protéines 664 mg de sodium

Courgettes avec riz et tzatziki

Temps de préparation : 20 minutes

Temps de cuisson : 35 min

Portions : 4

Niveau de difficulté : Moyen

Ingrédients:

- ¼ tasse d'huile d'olive
- 1 oignon, haché
- 3 courgettes coupées en dés
- 1 tasse de bouillon de légumes
- ½ tasse d'aneth frais haché
- Le sel
- Poivre noir fraichement moulu
- 1 tasse de riz à grains courts
- 2 cuillères à soupe de pignons de pin
- 1 tasse de sauce tzatziki, de yogourt nature ou du commerce

Les directions:

Cuire l'huile dans une casserole à fond épais à feu moyen. Incorporer l'oignon, baisser le feu à moyen-doux et faire sauter pendant 5 minutes. Incorporer les courgettes et cuire encore 2 minutes.

Incorporer le bouillon de légumes et l'aneth et assaisonner de sel et de poivre. Augmenter le feu à moyen et porter le mélange à ébullition.

Incorporer le riz et remettre le mélange à ébullition. Réglez le feu à très doux, couvrez la casserole et laissez cuire 15 minutes. Retirez du feu et laissez reposer 10 minutes. Répartir le riz sur un plat de service, saupoudrer de pignons de pin et servir avec la sauce tzatziki.

Nutrition (pour 100g) : 414 calories 17 g de lipides 57 g de glucides 5 g de protéines 591 mg de sodium

Haricots cannellini avec aïoli au romarin et à l'ail

Temps de préparation : 10 minutes
Temps de cuisson : 10 minutes
Portions : 4
Niveau de difficulté : Facile

Ingrédients:

- 4 tasses de haricots cannellini cuits
- 4 tasses d'eau
- ½ cuillère à café de sel
- 3 cuillères à soupe d'huile d'olive
- 2 cuillères à soupe de romarin frais haché
- ½ tasse d'aïoli à l'ail
- ¼ cuillère à café de poivre noir fraîchement moulu

Les directions:

Mélanger les haricots cannellini, l'eau et le sel dans une casserole moyenne à feu moyen. Porter à ébullition. Cuire 5 minutes. Drainer. Cuire l'huile d'olive dans une poêle à feu moyen.

Ajouter les haricots. Incorporer le romarin et l'aïoli. Ajuster le feu à moyen-doux et cuire, en remuant, juste pour réchauffer. Assaisonner de poivre et servir.

Nutrition (pour 100g) : 545 calories 36 g de lipides 42 g de glucides 14 g de protéines 608 mg de sodium

Riz orné de bijoux

Temps de préparation : 15 minutes

Temps de cuisson : 30 minutes

Portions : 6

Niveau de difficulté : Difficile

Ingrédients:

- ½ tasse d'huile d'olive, divisée
- 1 oignon, haché finement
- 1 gousse d'ail, émincée
- ½ cuillère à café de gingembre frais pelé haché
- 4½ tasses d'eau
- 1 cuillère à café de sel, divisé, et plus au besoin
- 1 cuillère à café de curcuma moulu
- 2 tasses de riz basmati
- 1 tasse de pois de senteur frais
- 2 carottes, pelées et coupées en dés de ½ pouce
- ½ tasse de canneberges séchées
- Zeste râpé d'1 orange
- 1/8 cuillère à café de poivre de cayenne
- ¼ tasse d'amandes effilées, grillées

Les directions:

Faites chauffer ¼ tasse d'huile d'olive dans une grande poêle. Placer l'oignon et cuire 4 minutes. Faire revenir l'ail et le gingembre.

Incorporer l'eau, ¾ de cuillère à café de sel et le curcuma. Porter le mélange à ébullition. Mettre le riz et remettre le mélange à ébullition. Goûtez le bouillon et assaisonnez avec plus de sel, au besoin. Sélectionnez la chaleur à doux, et cuire pendant 15 minutes. Éteignez le feu. Laisser reposer le riz sur le brûleur, couvert, pendant 10 minutes. Pendant ce temps, dans une sauteuse moyenne ou une poêle à feu moyen-doux, chauffer le ¼ de tasse d'huile d'olive restante. Incorporer les petits pois et les carottes. Cuire 5 minutes.

Incorporer les canneberges et le zeste d'orange. Saupoudrer avec le reste de sel et le poivre de Cayenne. Cuire 1 à 2 minutes. Verser le riz sur un plat de service. Garnir de petits pois et de carottes et saupoudrer d'amandes grillées.

Nutrition (pour 100g) : 460 calories 19 g de lipides 65 g de glucides 4 g de protéines 810 mg de sodium

Risotto aux asperges

Temps de préparation : 15 minutes

Temps de cuisson : 30 minutes

Portions : 4

Niveau de difficulté : Difficile

Ingrédients:

- 5 tasses de bouillon de légumes, divisé
- 3 cuillères à soupe de beurre non salé, divisé
- 1 cuillère à soupe d'huile d'olive
- 1 petit oignon, haché
- 1½ tasse de riz arborio
- 1 livre d'asperges fraîches, extrémités parées, coupées en morceaux de 1 pouce, pointes séparées
- ¼ tasse de parmesan fraîchement râpé

Les directions:

Faire bouillir le bouillon de légumes à feu moyen. Réglez le feu à doux et laissez mijoter. Mélanger 2 cuillères à soupe de beurre avec l'huile d'olive. Incorporer l'oignon et cuire 2 à 3 minutes.

Mettez le riz et remuez avec une cuillère en bois pendant la cuisson pendant 1 minute jusqu'à ce que les grains soient bien recouverts de beurre et d'huile.

Incorporer ½ tasse de bouillon chaud. Cuire et continuer à remuer jusqu'à ce que le bouillon soit complètement absorbé. Ajouter les tiges d'asperges et une autre ½ tasse de bouillon. Cuire et remuer de temps en temps Continuer à ajouter le bouillon, ½ tasse à la fois, et cuire jusqu'à ce qu'il soit complètement absorbé lors de l'ajout de la prochaine ½ tasse. Remuer fréquemment pour éviter de coller. Le riz doit être cuit mais encore ferme.

Ajouter les pointes d'asperges, la cuillère à soupe de beurre restante et le parmesan. Remuer vigoureusement pour combiner. Retirer du feu, garnir de parmesan supplémentaire, si désiré, et servir immédiatement.

Nutrition (pour 100g) : 434 calories 14 g de lipides 67 g de glucides 6 g de protéines 517 mg de sodium

Pâtes crémeuses au saumon fumé

Temps de préparation : 5 minutes

Temps de cuisson : 35 min

Portions : 4

Niveau de difficulté : Moyen

Ingrédients:

- 2 cuillères à soupe. huile d'olive
- 2 gousses d'ail hachées
- 1 échalote hachée
- 125 grammes. ou 113 g de saumon haché, fumé
- 1 ch. pois verts
- 1 ch. crème épaisse
- Sel et poivre
- 1 pincée de flocons de piment
- 8 onces ou 230 g de penne
- 6 ch. l'eau

Les directions:

Placer la poêle à feu moyen-vif et ajouter l'huile. Ajouter l'ail et l'échalote. Cuire 5 minutes ou jusqu'à ce qu'ils ramollissent. Ajouter les pois, le sel, le poivre et les flocons de piment. Cuire 10 minutes

Ajouter le saumon et poursuivre la cuisson 5 à 7 minutes de plus. Ajouter la crème épaisse, réduire le feu et cuire 5 minutes supplémentaires.

Pendant ce temps, placez une casserole avec de l'eau et du sel à votre goût à feu vif dès qu'elle bout, ajoutez les pâtes penne et faites cuire pendant 8-10 minutes ou jusqu'à ce qu'elles ramollissent Égoutter les pâtes, ajouter à la sauce au saumon et servir

Nutrition (pour 100g) : 393 Calories 20,8 g Lipides 38 g Glucides 3 g Protéines 836 mg Sodium

Poulet grec à la mijoteuse

Temps de préparation : 20 minutes

Temps de cuisson : 3 heures

Portions : 4

Niveau de difficulté : Moyen

Ingrédients:

- 1 cuillère à soupe d'huile d'olive extra vierge
- 2 livres de poitrines de poulet désossées
- ½ cuillère à café de sel casher
- cc de poivre noir
- 1 pot (12 onces) de poivrons rouges rôtis
- 1 tasse d'olives Kalamata
- 1 oignon rouge moyen, coupé en morceaux
- 3 cuillères à soupe de vinaigre de vin rouge
- 1 cuillère à soupe d'ail émincé
- 1 cuillère à café de miel
- 1 cuillère à café d'origan séché
- 1 cuillère à café de thym séché
- ½ tasse de fromage feta (facultatif, pour servir)
- Herbes fraîches hachées : tout mélange de basilic, de persil ou de thym (facultatif, pour le service)

Les directions:

Badigeonner la mijoteuse d'un aérosol de cuisson antiadhésif ou d'huile d'olive. Cuire l'huile d'olive dans une grande poêle. Assaisonner les deux côtés des poitrines de poulet. Une fois l'huile chaude, ajouter les poitrines de poulet et saisir des deux côtés (environ 3 minutes).

Une fois cuit, transférez-le dans la mijoteuse. Ajouter les poivrons rouges, les olives et l'oignon rouge aux poitrines de poulet. Essayez de placer les légumes autour du poulet et non directement sur le dessus.

Dans un petit bol, mélanger le vinaigre, l'ail, le miel, l'origan et le thym. Une fois combiné, versez-le sur le poulet. Cuire le poulet à feu doux pendant 3 heures ou jusqu'à ce qu'il ne soit plus rose au milieu. Servir avec du fromage feta émietté et des herbes fraîches.

Nutrition (pour 100g) : 399 Calories 17g Lipides 12g Glucides 50g Protéines 793mg Sodium

Gyros de poulet

Temps de préparation : 10 minutes

Temps de cuisson : 4 heures

Portions : 4

Niveau de difficulté : Moyen

Ingrédients:

- 2 livres. poitrines de poulet désossées ou filets de poulet
- Jus d'un citron
- 3 gousses d'ail
- 2 cuillères à café de vinaigre de vin rouge
- 2-3 cuillères à soupe d'huile d'olive
- ½ tasse de yaourt grec
- 2 cuillères à café d'origan séché
- 2 à 4 cuillères à café d'assaisonnement grec
- ½ petit oignon rouge, haché
- 2 cuillères à soupe d'aneth
- sauce tzatziki
- 1 tasse de yogourt grec nature
- 1 cuillère à soupe d'aneth
- 1 petit concombre anglais, haché
- Pincée de sel et de poivre
- 1 cuillère à café de poudre d'oignon
- <u>Pour les garnitures :</u>

- Tomates
- Concombres hachés
- Oignon rouge haché
- Fromage feta en dés
- Pain pita émietté

Les directions:

Coupez les poitrines de poulet en cubes et placez-les dans la mijoteuse. Ajoutez le jus de citron, l'ail, le vinaigre, l'huile d'olive, le yogourt grec, l'origan, l'assaisonnement grec, l'oignon rouge et l'aneth dans la mijoteuse et remuez pour vous assurer que tout est bien combiné.

Cuire à faible intensité pendant 5 à 6 heures ou à intensité élevée pendant 2 à 3 heures. Pendant ce temps, incorporez tous les ingrédients de la sauce tzatziki et remuez. Une fois bien mélangé, mettre au réfrigérateur jusqu'à ce que le poulet soit cuit.

Lorsque le poulet a fini de cuire, servir avec du pain pita et une ou toutes les garnitures énumérées ci-dessus.

Nutrition (pour 100g) : 317 Calories 7,4 g Lipides 36,1 g Glucides 28,6 g Protéines 476 mg Sodium

Cassoulet de poulet à la mijoteuse

Temps de préparation : 10 minutes

Temps de cuisson : 20 minutes

Portions : 16

Niveau de difficulté : Moyen

Ingrédients:

- 1 tasse de haricots blancs secs, trempés
- 8 hauts de cuisse de poulet avec os et sans peau
- 1 saucisse polonaise, cuite et coupée en morceaux de la taille d'une bouchée (facultatif)
- 1¼ tasse de jus de tomate
- 1 boîte (28 onces) de tomates coupées en deux
- 1 cuillère à soupe de sauce Worcestershire
- 1 cuillère à café de granulés de bouillon de boeuf ou de poulet instantané
- ½ cuillère à café de basilic séché
- ½ cuillère à café d'origan séché
- ½ cuillère à café de paprika
- ½ tasse de céleri haché
- ½ tasse de carottes hachées
- ½ tasse d'oignon haché

Les directions:

Badigeonner la mijoteuse d'huile d'olive ou d'un aérosol de cuisson antiadhésif. Dans un bol, mélanger le jus de tomate, les tomates, la sauce Worcestershire, le bouillon de bœuf, le basilic, l'origan et le paprika. Assurez-vous que les ingrédients sont bien combinés.

Placer le poulet et les saucisses dans la mijoteuse et couvrir avec le mélange de jus de tomate. Garnir de céleri, de carotte et d'oignon. Cuire à feu doux pendant 10 à 12 heures.

Nutrition (pour 100g) : 244 Calories 7g Lipides 25g Glucides 21g

Poulet à la mijoteuse à la provençale

Temps de préparation : 5 minutes

Temps de cuisson : 8 heures

Portions : 4

Niveau de difficulté : Facile

Ingrédients:

- 4 demi-poitrines de poulet sans peau (6 onces) avec os
- 2 cuillères à café de basilic séché
- 1 cuillère à café de thym séché
- 1/8 cuillère à café de sel
- 1/8 cuillère à café de poivre noir fraîchement moulu
- 1 poivron jaune, coupé en dés
- 1 poivron rouge, coupé en dés
- 1 boîte (15,5 onces) de haricots cannellini
- 1 boîte (14,5 onces) de petites tomates au basilic, à l'ail et à l'origan, non égouttées

Les directions:

Badigeonner la mijoteuse d'huile d'olive antiadhésive. Ajouter tous les ingrédients dans la mijoteuse et mélanger pour combiner. Cuire à feu doux pendant 8 heures.

Nutrition (pour 100g) : 304 Calories 4,5 g Lipides 27,3 g Glucides 39,4 g Protéines 639 mg Sodium

Rôti de dinde à la grecque

Temps de préparation : 20 minutes

Temps de cuisson : 7 heures et 30 minutes

Portions : 8

Niveau de difficulté : Moyen

Ingrédients:

- 1 poitrine de dinde désossée (4 livres), parée
- ½ tasse de bouillon de poulet, divisé
- 2 cuillères à soupe de jus de citron frais
- 2 tasses d'oignon haché
- ½ tasse d'olives Kalamata dénoyautées
- ½ tasse de tomates séchées au soleil dans l'huile, tranchées finement
- 1 cuillère à café d'assaisonnement grec
- ½ cuillère à café de sel
- ¼ cuillère à café de poivre noir frais moulu
- 3 cuillères à soupe de farine tout usage (ou de blé entier)

Les directions:

Badigeonner la mijoteuse d'un aérosol de cuisson antiadhésif ou d'huile d'olive. Ajouter la dinde, ¼ tasse de bouillon de poulet, le jus de citron, l'oignon, les olives, les tomates séchées, l'assaisonnement grec, le sel et le poivre dans la mijoteuse.

Cuire à feu doux pendant 7 heures. Fouetter la farine dans le ¼ de tasse de bouillon de poulet restant, puis mélanger doucement dans la mijoteuse. Cuire 30 minutes supplémentaires.

Nutrition (pour 100g) : 341 Calories 19g Lipides 12g Glucides 36,4g Protéines 639mg Sodium

Poulet à l'ail avec couscous

Temps de préparation : 25 minutes

Temps de cuisson : 7 heures

Portions : 4

Niveau de difficulté : Moyen

Ingrédients:

- 1 poulet entier, coupé en morceaux
- 1 cuillère à soupe d'huile d'olive extra vierge
- 6 gousses d'ail, coupées en deux
- 1 tasse de vin blanc sec
- 1 tasse de couscous
- ½ cuillère à café de sel
- ½ cuillère à café de poivre
- 1 oignon moyen, tranché finement
- 2 cuillères à café de thym séché
- 1/3 tasse de farine de blé entier

Les directions:

Cuire l'huile d'olive dans une poêle à fond épais. Lorsque la poêle est chaude, ajouter le poulet pour saisir. Assurez-vous que les morceaux de poulet ne se touchent pas. Cuire avec la peau vers le bas pendant environ 3 minutes ou jusqu'à ce qu'ils soient dorés.

Badigeonnez votre mijoteuse d'un aérosol de cuisson antiadhésif ou d'huile d'olive. Mettez l'oignon, l'ail et le thym dans la mijoteuse et saupoudrez de sel et de poivre. Incorporer le poulet sur les oignons.

Dans un autre bol, fouetter la farine dans le vin jusqu'à ce qu'il n'y ait plus de grumeaux, puis verser sur le poulet. Cuire à feu doux pendant 7 heures ou jusqu'à cuisson complète. Vous pouvez également cuire à puissance élevée pendant 3 heures. Servir le poulet sur le couscous cuit et verser la sauce sur le dessus.

Nutrition (pour 100g) : 440 Calories 17,5g Lipides 14g Glucides 35,8g Protéines 674mg Sodium

Poulet Karahi

Temps de préparation : 5 minutes
Temps de cuisson : 5 heures
Portions : 4
Niveau de difficulté : Facile

Ingrédients:

- 2 livres. poitrines ou cuisses de poulet
- ¼ tasse d'huile d'olive
- 1 petite boîte de concentré de tomates
- 1 cuillère à soupe de beurre
- 1 gros oignon, coupé en dés
- ½ tasse de yogourt grec nature
- ½ tasse d'eau
- 2 cuillères à soupe de gingembre en pâte d'ail
- 3 cuillères à soupe de feuilles de fenugrec
- 1 cuillère à café de coriandre moulue
- 1 tomate moyenne
- 1 cuillère à café de piment rouge
- 2 piments verts
- 1 cuillère à café de curcuma
- 1 cuillère à soupe de garam massala
- 1 cuillère à café de cumin en poudre
- 1 cuillère à café de sel de mer
- ¼ cuillère à café de muscade

Les directions:

Badigeonner la mijoteuse d'un aérosol de cuisson antiadhésif. Dans un petit bol, bien mélanger toutes les épices. Incorporer le poulet à la mijoteuse, suivi du reste des ingrédients, y compris le mélange d'épices. Remuer jusqu'à ce que tout soit bien mélangé avec les épices.

Cuire à feu doux pendant 4 à 5 heures. Servir avec des naans ou du pain italien.

Nutrition (pour 100g) : 345 Calories 9,9g Lipides 10g Glucides 53,7g Protéines 715mg Sodium

Poulet Cacciatore

Temps de préparation : 20 minutes

Temps de cuisson : 4 heures

Portions : 6

Niveau de difficulté : Facile

Ingrédients:

- 2 livres de cuisses de poulet avec peau
- 1 cuillère à soupe d'huile d'olive
- 1 tasse de champignons, coupés en quatre
- 3 carottes, hachées
- 1 petit pot d'olives Kalamata
- 2 boîtes (14 onces) de tomates en dés
- 1 petite boîte de concentré de tomates
- 1 tasse de vin rouge
- 5 gousses d'ail
- 1 tasse d'orzo

Les directions:

Dans une grande poêle, faire cuire l'huile d'olive. Lorsque l'huile est chauffée, ajoutez le poulet, côté peau vers le bas, et faites-le saisir. Assurez-vous que les morceaux de poulet ne se touchent pas.

Lorsque le poulet est doré, ajoutez-le à la mijoteuse avec tous les ingrédients sauf l'orzo. Cuire le poulet à feu doux pendant 2 heures, puis ajouter l'orzo et cuire encore 2 heures. Servir avec un pain français croustillant.

Nutrition (pour 100g) : 424 Calories 16g Lipides 10g Glucides 11g Protéines 845mg Sodium

Daube provençale mijotée

Temps de préparation : 15 minutes
Temps de cuisson : 8 heures
Portions : 8
Niveau de difficulté : Moyen

Ingrédients:

- 1 cuillère à soupe d'huile d'olive
- 10 gousses d'ail, hachées
- 2 livres de rôti de paleron désossé
- 1½ cuillères à café de sel, divisé
- ½ cuillère à café de poivre noir fraîchement moulu
- 1 tasse de vin rouge sec
- 2 tasses de carottes, hachées
- 1½ tasse d'oignon, haché
- ½ tasse de bouillon de boeuf
- 1 boîte de 14 onces de tomates en dés
- 1 cuillère à soupe de concentré de tomate
- 1 cuillère à café de romarin frais, haché
- 1 cuillère à café de thym frais, haché
- ½ cuillère à café de zeste d'orange, râpé
- ½ cuillère à café de cannelle moulue
- cuillère à café de clous de girofle moulus
- 1 feuille de laurier

Les directions:

Préchauffer une poêle puis ajouter l'huile d'olive. Ajouter l'ail et les oignons émincés et cuire jusqu'à ce que les oignons soient tendres et que l'ail commence à dorer.

Ajouter la viande en cubes, le sel et le poivre et cuire jusqu'à ce que la viande soit dorée. Transférer la viande dans la mijoteuse. Mélanger le bouillon de bœuf à la poêle et laisser mijoter environ 3 minutes pour déglacer la poêle, puis verser dans la mijoteuse sur la viande.

Incorporer le reste des ingrédients dans la mijoteuse et bien mélanger. Réglez la mijoteuse à faible et cuire pendant 8 heures, ou réglez-la à haute et faites cuire pendant 4 heures. Servir avec des nouilles aux œufs, du riz ou du pain italien croustillant.

Nutrition (pour 100g) : 547 Calories 30,5g Lipides 22g Glucides 45,2g Protéines 809mg Sodium

Osso bucco

Temps de préparation : 30 minutes
Temps de cuisson : 8 heures
Portions : 3
Niveau de difficulté : Moyen

Ingrédients:

- 4 jarrets de bœuf ou de veau
- 1 cuillère à café de sel de mer
- ½ cuillère à café de poivre noir moulu
- 3 cuillères à soupe de farine de blé entier
- 1 à 2 cuillères à soupe d'huile d'olive
- 2 oignons moyens, coupés en dés
- 2 carottes moyennes, coupées en dés
- 2 branches de céleri, coupées en dés
- 4 gousses d'ail, hachées
- 1 boîte de 14 onces de tomates en dés
- 2 cuillères à café de feuilles de thym séchées
- ½ tasse de bouillon de boeuf ou de légumes

Les directions:

Assaisonner les jarrets des deux côtés, puis les tremper dans la farine pour les enrober. Chauffer une grande poêle à feu vif. Ajouter l'huile d'olive. Une fois que l'huile est chaude, ajouter les jarrets et les faire dorer uniformément des deux côtés. Une fois doré, transférer dans la mijoteuse.

Verser le bouillon dans la poêle et laisser mijoter 3 à 5 minutes en remuant pour déglacer la poêle. Transférer le reste des ingrédients dans la mijoteuse et verser le bouillon de la poêle sur le dessus.

Réglez la mijoteuse à basse température et faites cuire pendant 8 heures. Servez l'Osso Bucco sur du quinoa, du riz brun ou même du riz au chou-fleur.

Nutrition (pour 100g) : 589 Calories 21,3 g Lipides 15 g Glucides 74,7 g Protéines 893 mg Sodium

Boeuf Bourguignon à la mijoteuse

Temps de préparation : 5 minutes
Temps de cuisson : 8 heures
Portions : 8
Niveau de difficulté : Difficile

Ingrédients:

- 1 cuillère à soupe d'huile d'olive extra vierge
- 6 onces de bacon, haché grossièrement
- 3 livres de poitrine de bœuf, dégraissée, coupée en cubes de 2 pouces
- 1 grosse carotte, tranchée
- 1 gros oignon blanc, coupé en dés
- 6 gousses d'ail, hachées et divisées
- ½ cuillère à café de gros sel
- ½ cuillère à café de poivre fraîchement moulu
- 2 cuillères à soupe de blé entier
- 12 petits oignons perlés
- 3 tasses de vin rouge (Merlot, Pinot Noir ou Chianti)
- 2 tasses de bouillon de boeuf
- 2 cuillères à soupe de concentré de tomate
- 1 cube de bouillon de boeuf écrasé
- 1 cuillère à café de thym frais, haché finement
- 2 cuillères à soupe de persil frais
- 2 feuilles de laurier

- 2 cuillères à soupe de beurre ou 1 cuillère à soupe d'huile d'olive
- 1 livre de petits champignons blancs ou bruns frais, coupés en quartiers

Les directions:

Faites chauffer une poêle à feu moyen-vif, puis ajoutez l'huile d'olive. Lorsque l'huile a chauffé, faites cuire le bacon jusqu'à ce qu'il soit croustillant, puis placez-le dans votre mijoteuse. Conservez le gras de bacon dans la poêle.

Séchez le bœuf et faites-le cuire dans la même poêle avec la graisse de bacon jusqu'à ce que tous les côtés aient la même coloration brune. Transférer dans la mijoteuse.

Mélanger les oignons et les carottes dans la mijoteuse et assaisonner avec le sel et le poivre. Remuez pour combiner les ingrédients et assurez-vous que tout est assaisonné.

Incorporer le vin rouge dans la poêle et laisser mijoter pendant 4 à 5 minutes pour déglacer la poêle, puis incorporer la farine en remuant jusqu'à consistance lisse. Poursuivez la cuisson jusqu'à ce que le liquide réduise et épaississe un peu.

Lorsque le liquide a épaissi, versez-le dans la mijoteuse et remuez pour enrober le tout avec le mélange de vin. Ajouter le concentré de tomate, le cube de bouillon, le thym, le persil, 4 gousses d'ail et le laurier. Réglez votre mijoteuse à puissance élevée et faites cuire pendant 6 heures, ou réglez-la sur basse et faites cuire pendant 8 heures.

Ramollir le beurre ou chauffer l'huile d'olive dans une poêle à feu moyen. Lorsque l'huile est chaude, incorporer les 2 gousses d'ail restantes et cuire environ 1 minute avant d'ajouter les champignons. Cuire les champignons jusqu'à ce qu'ils soient tendres, puis les ajouter à la mijoteuse et mélanger pour combiner.

Servir avec de la purée de pommes de terre, du riz ou des nouilles.

Nutrition (pour 100g) : 672 Calories 32g Lipides 15g Glucides 56g Protéines 693mg Sodium

Boeuf Balsamique

Temps de préparation : 5 minutes

Temps de cuisson : 8 heures

Portions : 10

Niveau de difficulté : Moyen

Ingrédients:

- 2 livres de rôti de paleron désossé
- 1 cuillère à soupe d'huile d'olive
- Frotter
- 1 cuillère à café d'ail en poudre
- ½ cuillère à café de poudre d'oignon
- 1 cuillère à café de sel de mer
- ½ cuillère à café de poivre noir fraîchement moulu
- sauce
- ½ tasse de vinaigre balsamique
- 2 cuillères à soupe de miel
- 1 cuillère à soupe de moutarde au miel
- 1 tasse de bouillon de boeuf
- 1 cuillère à soupe de tapioca, de farine de blé entier ou de fécule de maïs (pour épaissir la sauce à la fin de la cuisson si désiré)

Les directions:

Incorporer tous les ingrédients pour le frottement.

Dans un autre bol, mélanger le vinaigre balsamique, le miel, la moutarde au miel et le bouillon de bœuf. Enduisez le rôti d'huile d'olive, puis frottez-le avec les épices du mélange à friction. Placez le rôti dans la mijoteuse, puis versez la sauce sur le dessus. Réglez la mijoteuse à basse température et faites cuire pendant 8 heures.

Si vous souhaitez épaissir la sauce à la fin de la cuisson du rôti, transférez-la de la mijoteuse dans une assiette de service. Versez ensuite le liquide dans une casserole et portez à ébullition sur la cuisinière. Mélanger la farine jusqu'à consistance lisse et laisser mijoter jusqu'à ce que la sauce épaississe.

Nutrition (pour 100g) : 306 Calories 19g Lipides 13g Glucides 25g Protéines 823mg Sodium

Rôti de Veau

Temps de préparation : 20 minutes

Temps de cuisson : 5 heures

Portions : 8

Niveau de difficulté : Moyen

Ingrédients:

- 2 cuillères à soupe d'huile d'olive
- Sel et poivre
- Rôti de veau désossé de 3 livres, attaché
- 4 carottes moyennes, pelées
- 2 panais, pelés et coupés en deux
- 2 navets blancs, pelés et coupés en quartiers
- 10 gousses d'ail, pelées
- 2 brins de thym frais
- 1 orange, lavée et zestée
- 1 tasse de bouillon de poulet ou de veau

Les directions:

Chauffer une grande poêle à feu moyen-élevé. Badigeonner le rôti de veau d'huile d'olive, puis assaisonner de sel et de poivre. Lorsque la poêle est chaude, ajouter le rôti de veau et saisir de tous les côtés. Cela prendra environ 3 minutes de chaque côté, mais ce processus scelle les jus et rend la viande succulente.

Une fois cuit, placez-le dans la mijoteuse. Mélanger les carottes, les panais, les navets et l'ail dans la poêle. Remuer et cuire pendant environ 5 minutes, pas tout le temps, juste pour obtenir quelques morceaux de veau brun et leur donner un peu de couleur.

Transférer les légumes dans la mijoteuse en les plaçant tout autour de la viande. Garnir le rôti avec le thym et le zeste de l'orange. Couper l'orange en deux et presser le jus sur le dessus de la viande. Ajouter le bouillon de poulet, puis cuire le rôti à feu doux pendant 5 heures.

Nutrition (pour 100g) : 426 Calories 12,8 g Lipides 10 g Glucides 48,8 g Protéines 822 mg Sodium

Riz Méditerranéen et Saucisse

Temps de préparation : 15 minutes

Temps de cuisson : 8 heures

Portions : 6

Niveau de difficulté : Moyen

Ingrédients:

- 1½ livre de saucisse italienne, émiettée
- 1 oignon moyen, haché
- 2 cuillères à soupe de sauce à steak
- 2 tasses de riz à grains longs, non cuit
- 1 boîte de 14 onces de tomates en dés avec du jus
- ½ tasse d'eau
- 1 poivron vert moyen, coupé en dés

Les directions:

Vaporisez votre mijoteuse d'huile d'olive ou d'un aérosol de cuisson antiadhésif. Ajouter la saucisse, l'oignon et la sauce à steak dans la mijoteuse. Mettre à feu doux pendant 8 à 10 heures.

Au bout de 8 heures, ajouter le riz, les tomates, l'eau et le piment vert. Remuer pour bien mélanger. Cuire 20 à 25 minutes supplémentaires.

Nutrition (pour 100g) : 650 Calories 36g Lipides 11g Glucides 22g Protéines 633mg Sodium

Boulettes de viande espagnoles

Temps de préparation : 20 minutes

Temps de cuisson : 5 heures

Portions : 6

Niveau de difficulté : Difficile

Ingrédients:

- 1 livre de dinde hachée
- 1 livre de porc haché
- 2 oeufs
- 1 boîte (20 onces) de tomates en dés
- ¾ tasse d'oignon doux, émincé, divisé
- ¼ tasse plus 1 cuillère à soupe de chapelure
- 3 cuillères à soupe de persil frais, haché
- 1½ cuillères à café de cumin
- 1½ cuillères à café de paprika (sucré ou piquant)

Les directions:

Vaporiser la mijoteuse d'huile d'olive.

Dans un saladier, incorporez la viande hachée, les œufs, environ la moitié des oignons, la chapelure et les épices.

Lavez-vous les mains et mélangez jusqu'à ce que tout soit bien combiné. Ne mélangez pas trop, cependant, car cela donne des boulettes de viande dures. Façonner en boulettes de viande. La taille que vous en ferez déterminera évidemment le nombre total de boulettes de viande que vous obtiendrez.

Dans une poêle, faire cuire 2 cuillères à soupe d'huile d'olive à feu moyen. Une fois chaud, incorporer les boulettes de viande et faire dorer de tous les côtés. Assurez-vous que les boules ne se touchent pas pour qu'elles brunissent uniformément. Une fois cela fait, transférez-les dans la mijoteuse.

Ajoutez le reste des oignons et des tomates dans la poêle et laissez-les cuire pendant quelques minutes, en grattant les morceaux bruns des boulettes de viande pour ajouter de la saveur. Transférer les tomates sur les boulettes de viande dans la mijoteuse et cuire à feu doux pendant 5 heures.

Nutrition (pour 100g) : 372 Calories 21,7 g Lipides 15 g Glucides 28,6 Protéines 772 mg Sodium

Steaks de chou-fleur avec sauce aux olives et aux agrumes

Temps de préparation : 15 minutes
Temps de cuisson : 30 minutes
Portions : 4
Niveau de difficulté : Moyen

Ingrédients:

- 1 ou 2 grosses têtes de chou-fleur
- 1/3 tasse d'huile d'olive extra vierge
- ¼ cuillère à café de sel casher
- 1/8 cuillère à café de poivre noir moulu
- Jus de 1 orange
- Zeste de 1 orange
- ¼ tasse d'olives noires, dénoyautées et hachées
- 1 cuillère à soupe de moutarde de Dijon ou en grains
- 1 cuillère à soupe de vinaigre de vin rouge
- ½ cuillère à café de coriandre moulue

Les directions:

Préchauffer le four à 400°F. Mettez du papier parchemin ou du papier d'aluminium dans la plaque à pâtisserie. Coupez la tige du chou-fleur pour qu'il repose bien droit. Coupez-le verticalement en quatre tranches épaisses. Placer le chou-fleur sur la plaque à pâtisserie préparée. Arrosez d'huile d'olive, de sel et de poivre noir. Cuire au four environ 30 minutes.

Dans un bol moyen, mélanger le jus d'orange, le zeste d'orange, les olives, la moutarde, le vinaigre et la coriandre; bien mélanger. Servir avec la sauce.

Nutrition (pour 100g) : 265 Calories 21g Lipides 4g Glucides 5g Protéines 693mg Sodium

Pâtes Pistache Menthe Pesto

Temps de préparation : 10 minutes

Temps de cuisson : 10 minutes

Portions : 4

Niveau de difficulté : Moyen

Ingrédients:

- 8 onces de pâtes de blé entier
- 1 tasse de menthe fraîche
- ½ tasse de basilic frais
- 1/3 tasse de pistaches non salées, décortiquées
- 1 gousse d'ail, pelée
- ½ cuillère à café de sel casher
- Jus de ½ citron vert
- 1/3 tasse d'huile d'olive extra vierge

Les directions:

Cuire les pâtes en suivant les instructions sur l'emballage. Égoutter en réservant ½ tasse d'eau de cuisson et réserver. Dans un robot culinaire, ajouter la menthe, le basilic, les pistaches, l'ail, le sel et le jus de lime. Mélanger jusqu'à ce que les pistaches soient grossièrement moulues. Incorporer l'huile d'olive en un filet lent et régulier et mélanger jusqu'à incorporation.

Dans un grand bol, incorporer les pâtes avec le pesto de pistache. Si une consistance plus fine et plus savoureuse est souhaitée, ajoutez un peu de l'eau de pâte réservée et mélangez bien.

Nutrition (pour 100g) : 420 Calories 3g Lipides 2g Glucides 11g Protéines 593mg Sodium

Sauce tomate cerise éclatée avec pâtes aux cheveux d'ange

Temps de préparation : 10 minutes
Temps de cuisson : 20 minutes
Portions : 4
Niveau de difficulté : Moyen

Ingrédients:

- 8 onces de pâtes aux cheveux d'ange
- 2 cuillères à soupe d'huile d'olive extra vierge
- 3 gousses d'ail, hachées
- 3 pintes de tomates cerises
- ½ cuillère à café de sel casher
- cuillère à café de flocons de piment rouge
- ¾ tasse de basilic frais, haché
- 1 cuillère à soupe de vinaigre balsamique blanc (facultatif)
- ¼ tasse de parmesan râpé (facultatif)

Les directions:

Cuire les pâtes en suivant les instructions sur l'emballage. Égoutter et réserver.

Cuire l'huile d'olive dans une poêle ou une grande sauteuse à feu moyen-vif. Incorporer l'ail et faire revenir pendant 30 secondes. Mélanger les tomates, le sel et les flocons de piment rouge et cuire, en remuant de temps en temps, jusqu'à ce que les tomates éclatent, environ 15 minutes.

Retirer du feu et incorporer les pâtes et le basilic. Bien mélanger. (Pour les tomates hors saison, ajouter le vinaigre, si désiré, et bien mélanger.) Servir.

Nutrition (pour 100g) : 305 Calories 8g Lipides 3g Glucides 11g Protéines 559mg Sodium

Tofu au four avec tomates séchées et artichauts

Temps de préparation : 30 minutes
Temps de cuisson : 30 minutes
Portions : 4
Niveau de difficulté : Moyen

Ingrédients:

- 1 paquet (16 onces) de tofu extra-ferme, coupé en cubes de 1 pouce
- 2 cuillères à soupe d'huile d'olive extra-vierge, divisée
- 2 cuillères à soupe de jus de citron, divisé
- 1 cuillère à soupe de sauce soja pauvre en sodium
- 1 oignon, coupé en dés
- ½ cuillère à café de sel casher
- 2 gousses d'ail, hachées
- 1 boîte (14 onces) de cœurs d'artichauts, égouttés
- 8 tomates séchées
- ¼ cuillère à café de poivre noir fraîchement moulu
- 1 cuillère à soupe de vinaigre de vin blanc
- Zest de 1 citron
- ¼ tasse de persil frais, haché

Les directions:

Préparez le four à 400°F. Placez le papier d'aluminium ou le papier sulfurisé dans la plaque à pâtisserie. Dans un bol, mélanger le tofu, 1 cuillère à soupe d'huile d'olive, 1 cuillère à soupe de jus de citron et la sauce soja. Réserver et laisser mariner 15 à 30 minutes. Disposer le tofu en une seule couche sur la plaque à pâtisserie préparée et cuire au four pendant 20 minutes, en retournant une fois, jusqu'à ce qu'il soit légèrement doré.

Faites cuire l'huile d'olive restante 1 cuillère à soupe dans une grande poêle ou une sauteuse à feu moyen. Ajouter l'oignon et le sel; faire sauter jusqu'à ce qu'ils soient translucides, 5 à 6 minutes. Incorporer l'ail et faire revenir pendant 30 secondes. Ensuite, mettez les cœurs d'artichauts, les tomates séchées au soleil et le poivre noir et faites sauter pendant 5 minutes. Ajouter le vinaigre de vin blanc et 1 cuillère à soupe de jus de citron restant et déglacer la poêle en raclant les morceaux bruns. Retirez la casserole du feu et mettez-y le zeste de citron et le persil. Incorporer délicatement le tofu cuit.

Nutrition (pour 100g) : 230 Calories 14g Lipides 5g Glucides 14g Protéines 593mg Sodium

Tempeh méditerranéen au four avec tomates et ail

Temps de préparation : 25 minutes, plus 4 heures pour mariner
Temps de cuisson : 35 min
Portions : 4
Niveau de difficulté : Difficile

Ingrédients:

- Pour le tempeh
- 12 onces de tempeh
- ¼ tasse de vin blanc
- 2 cuillères à soupe d'huile d'olive extra vierge
- 2 cuillères à soupe de jus de citron
- Zest de 1 citron
- ¼ cuillère à café de sel casher
- ¼ cuillère à café de poivre noir fraîchement moulu
- Pour la sauce tomates et ail
- 1 cuillère à soupe d'huile d'olive extra vierge
- 1 oignon, coupé en dés
- 3 gousses d'ail, hachées
- 1 boîte de 14,5 onces de tomates concassées sans sel ajouté
- 1 tomate Beefsteak, coupée en dés
- 1 feuille de laurier séchée
- 1 cuillère à café de vinaigre de vin blanc

- 1 cuillère à café de jus de citron
- 1 cuillère à café d'origan séché
- 1 cuillère à café de thym séché
- ¾ cuillère à café de sel casher
- ¼ tasse de basilic, coupé en rubans

Les directions:

Faire le tempeh

Placer le tempeh dans une casserole moyenne. Remplissez suffisamment d'eau pour le couvrir de 1 à 2 pouces. Porter à ébullition à feu moyen-élevé, couvrir et baisser le feu pour laisser mijoter. Cuire 10 à 15 minutes. Retirez le tempeh, séchez-le, laissez-le refroidir et coupez-le en cubes de 1 pouce.

Mélanger le vin blanc, l'huile d'olive, le jus de citron, le zeste de citron, le sel et le poivre noir. Ajouter le tempeh, couvrir le bol, mettre au réfrigérateur pendant 4 heures ou toute la nuit. Préchauffer le four à 375 °F. Placer le tempeh mariné et la marinade dans un plat allant au four et cuire 15 minutes.

Pour faire la sauce aux tomates et à l'ail

Cuire l'huile d'olive dans une grande poêle à feu moyen. Ajouter l'oignon et faire revenir jusqu'à ce qu'il soit transparent, 3 à 5 minutes. Incorporer l'ail et faire revenir pendant 30 secondes. Ajouter les tomates concassées, la tomate Beefsteak, la feuille de laurier, le vinaigre, le jus de citron, l'origan, le thym et le sel. Bien mélanger. Laisser mijoter 15 minutes.

Ajouter le tempeh cuit au mélange de tomates et mélanger délicatement. Garnir avec le basilic.

ASTUCE DE SUBSTITUTION : Si vous n'avez plus de tempeh ou si vous souhaitez simplement accélérer le processus de cuisson, vous pouvez remplacer le tempeh par une boîte de 14,5 onces de haricots blancs. Rincez les haricots et mettez-les dans la sauce avec les tomates concassées. Il fait toujours une excellente entrée végétalienne en moitié moins de temps !

Nutrition (pour 100g) : 330 Calories 20g Lipides 4g Glucides 18g Protéines 693mg Sodium

Champignons Portobello Rôtis avec Chou Kale et Oignon Rouge

Temps de préparation : 30 minutes
Temps de cuisson : 30 minutes
Portions : 4
Niveau de difficulté : Difficile

Ingrédients:

- ¼ tasse de vinaigre de vin blanc
- 3 cuillères à soupe d'huile d'olive extra-vierge, divisée
- ½ cuillère à café de miel
- ¾ cuillère à café de sel casher, divisé
- ¼ cuillère à café de poivre noir fraîchement moulu
- 4 gros champignons portobello, tiges enlevées
- 1 oignon rouge, coupé en julienne
- 2 gousses d'ail, hachées
- 1 bouquet (8 onces) de chou frisé, équeuté et haché petit
- cuillère à café de flocons de piment rouge
- ¼ tasse de parmesan ou romano râpé

Les directions:

Placez du papier parchemin ou du papier d'aluminium dans la plaque à pâtisserie. Dans un bol moyen, fouetter ensemble le vinaigre, 1½ cuillère à soupe d'huile d'olive, le miel, ¼ de cuillère à café de sel et le poivre noir. Déposer les champignons sur la plaque à pâtisserie et verser la marinade dessus. Mariner 15 à 30 minutes.

Pendant ce temps, préchauffer le four à 400°F. Cuire les champignons 20 minutes en les retournant à mi-cuisson. Faites chauffer les 1½ cuillères à soupe d'huile d'olive restantes dans une grande poêle ou une sauteuse allant au four à feu moyen-vif. Ajouter l'oignon et la ½ cuillère à café de sel restante et faire revenir jusqu'à ce qu'ils soient dorés, 5 à 6 minutes. Incorporer l'ail et faire revenir pendant 30 secondes. Mélanger le chou frisé et les flocons de piment rouge et faire sauter jusqu'à ce que le chou frisé soit cuit, environ 5 minutes.

Sortez les champignons du four et augmentez la température pour faire griller. Verser délicatement le liquide de la plaque à pâtisserie dans le moule avec le mélange de chou frisé; bien mélanger. Retournez les champignons de manière à ce que le côté tige soit vers le haut. Déposer un peu du mélange de chou frisé sur chaque champignon. Saupoudrer 1 cuillère à soupe de parmesan sur chacun. Faire griller jusqu'à coloration dorée.

Nutrition (Pour 100g): 200 Calories 13g Lipides 4g Glucides 8g Protéines

Tofu mariné au balsamique au basilic et à l'origan

Temps de préparation : 40 minutes

Temps de cuisson : 30 minutes

Portions : 4

Niveau de difficulté : Moyen

Ingrédients:

- ¼ tasse d'huile d'olive extra vierge
- tasse de vinaigre balsamique
- 2 cuillères à soupe de sauce soja pauvre en sodium
- 3 gousses d'ail, râpées
- 2 cuillères à café de sirop d'érable pur
- Zest de 1 citron
- 1 cuillère à café de basilic séché
- 1 cuillère à café d'origan séché
- ½ cuillère à café de thym séché
- ½ cuillère à café de sauge séchée
- ¼ cuillère à café de sel casher
- ¼ cuillère à café de poivre noir fraîchement moulu
- cuillère à café de flocons de piment rouge (facultatif)
- 1 bloc (16 onces) de tofu extra ferme

Les directions:

Dans un bol ou un sac à fermeture éclair, mélanger l'huile d'olive, le vinaigre, la sauce soja, l'ail, le sirop d'érable, le zeste de citron, le basilic, l'origan, le thym, la sauge, le sel, le poivre noir et les flocons de piment rouge, si désiré. Ajouter le tofu et mélanger délicatement. Mettre au réfrigérateur et laisser mariner pendant 30 minutes, ou jusqu'au lendemain si vous le désirez.

Préparez le four à 425°F. Placer du papier parchemin ou du papier d'aluminium dans la plaque à pâtisserie. Disposer le tofu mariné en une seule couche sur la plaque à pâtisserie préparée. Cuire au four 20 à 30 minutes, retourner à mi-cuisson, jusqu'à ce qu'ils soient légèrement croustillants.

Nutrition (pour 100g) : 225 Calories 16g Lipides 2g Glucides 13g Protéines 493mg Sodium

Courgettes farcies à la ricotta, au basilic et à la pistache

Temps de préparation : 15 minutes
Temps de cuisson : 25 minutes
Portions : 4
Niveau de difficulté : Moyen

Ingrédients:

- 2 courgettes moyennes, coupées en deux sur la longueur
- 1 cuillère à soupe d'huile d'olive extra vierge
- 1 oignon, coupé en dés
- 1 cuillère à café de sel casher
- 2 gousses d'ail, hachées
- ¾ tasse de ricotta
- ¼ tasse de pistaches non salées, décortiquées et hachées
- ¼ tasse de basilic frais, haché
- 1 gros œuf battu
- ¼ cuillère à café de poivre noir fraîchement moulu

Les directions:

Préparez le four à 425°F. Placez du papier parchemin ou du papier d'aluminium dans la plaque à pâtisserie. Retirez les graines / la pulpe des courgettes, en laissant ¼ de pouce de chair sur les bords. Placez la pulpe sur une planche à découper et coupez la pulpe.

Cuire l'huile d'olive dans une sauteuse à feu moyen. Ajouter l'oignon, la pulpe et le sel et faire revenir environ 5 minutes. Ajouter l'ail et faire revenir 30 secondes. Mélanger le fromage ricotta, les pistaches, le basilic, l'œuf et le poivre noir. Ajouter le mélange d'oignons et bien mélanger.

Placer les 4 moitiés de courgettes sur la plaque à pâtisserie préparée. Tartiner les moitiés de courgettes du mélange de ricotta. Cuire jusqu'à coloration dorée.

Nutrition (pour 100g) : 200 Calories 12g Lipides 3g Glucides 11g Protéines 836mg Sodium

Farro aux tomates et champignons rôtis

Temps de préparation : 20 minutes

Temps de cuisson : 1 heure

Portions : 4

Niveau de difficulté : Difficile

Ingrédients:

- Pour les tomates
- 2 pintes de tomates cerises
- 1 cuillère à café d'huile d'olive extra vierge
- ¼ cuillère à café de sel casher
- Pour le Farro
- 3 à 4 tasses d'eau
- ½ tasse de farro
- ¼ cuillère à café de sel casher
- Pour les champignons
- 2 cuillères à soupe d'huile d'olive extra vierge
- 1 oignon, coupé en julienne
- ½ cuillère à café de sel casher
- ¼ cuillère à café de poivre noir fraîchement moulu
- 10 onces de mini-champignons, équeutés et tranchés finement
- ½ tasse de bouillon de légumes sans sel ajouté
- 1 boîte (15 onces) de haricots cannellini à faible teneur en sodium, égouttés et rincés
- 1 tasse de bébés épinards

- 2 cuillères à soupe de basilic frais, coupé en rubans
- ¼ tasse de pignons de pin, grillés
- Vinaigre balsamique vieilli (facultatif)

Les directions:

faire les tomates

Préchauffer le four à 400°F. Mettez du papier parchemin ou du papier d'aluminium dans la plaque à pâtisserie. Mélanger les tomates, l'huile d'olive et le sel sur la plaque à pâtisserie et cuire au four pendant 30 minutes.

Faire le farro

Porter l'eau, le farro et le sel à ébullition dans une casserole moyenne ou une casserole à feu vif. Laisser mijoter et cuire pendant 30 minutes, ou jusqu'à ce que le farro soit al dente. Égoutter et réserver.

Faire les champignons

Cuire l'huile d'olive dans une grande poêle ou une sauteuse à feu moyen-doux. Ajouter les oignons, le sel et le poivre noir et faire sauter jusqu'à ce qu'ils soient dorés et commencent à caraméliser, environ 15 minutes. Incorporer les champignons, augmenter le feu à moyen et faire sauter jusqu'à ce que le liquide se soit évaporé et que les champignons brunissent, environ 10 minutes. Incorporer le bouillon de légumes et déglacer la poêle, en raclant les morceaux bruns, et réduire le liquide pendant environ 5 minutes. Ajouter les haricots et réchauffer, environ 3 minutes.

Retirer et incorporer les épinards, le basilic, les pignons, les tomates rôties et le farro. Saupoudrer de vinaigre balsamique, si désiré.

Nutrition (pour 100g) : 375 Calories 15g Lipides 10g Glucides 14g Protéines 769mg Sodium

Orzo au four avec aubergine, bette à carde et mozzarella

Temps de préparation : 20 minutes
Temps de cuisson : 60 minutes
Portions : 4
Niveau de difficulté : Moyen

Ingrédients:

- 2 cuillères à soupe d'huile d'olive extra vierge
- 1 grosse aubergine (1 livre), coupée en petits dés
- 2 carottes, pelées et coupées en petits dés
- 2 branches de céleri, coupées en petits dés
- 1 oignon, coupé en petits dés
- ½ cuillère à café de sel casher
- 3 gousses d'ail, hachées
- ¼ cuillère à café de poivre noir fraîchement moulu
- 1 tasse d'orzo de blé entier
- 1 cuillère à café de concentré de tomate sans sel ajouté
- 1½ tasse de bouillon de légumes sans sel ajouté
- 1 tasse de bette à carde, équeutée et hachée petit
- 2 cuillères à soupe d'origan frais, haché
- Zest de 1 citron
- 4 onces de fromage mozzarella, en petits dés
- ¼ tasse de parmesan râpé
- 2 tomates, tranchées de ½ pouce d'épaisseur

Les directions:

Préchauffer le four à 400°F. Cuire l'huile d'olive dans une grande sauteuse allant au four à feu moyen. Ajouter l'aubergine, les carottes, le céleri, l'oignon et le sel et faire sauter environ 10 minutes. Ajouter l'ail et le poivre noir et faire revenir environ 30 secondes. Ajouter l'orzo et la pâte de tomate et faire sauter 1 minute. Incorporer le bouillon de légumes et déglacer la poêle en raclant les morceaux bruns. Ajouter les bettes à carde, l'origan et le zeste de citron et remuer jusqu'à ce que les bettes se fanent.

Sortez et mettez dans le fromage mozzarella. Lisser le dessus du mélange d'orzo à plat. Parsemer le dessus de parmesan. Répartir les tomates en une seule couche sur le parmesan. Cuire au four 45 minutes.

Nutrition (pour 100g) : 470 Calories 17g Lipides 7g Glucides 18g Protéines 769mg Sodium

Risotto d'orge aux tomates

Temps de préparation : 20 minutes

Temps de cuisson : 45 minutes

Portions : 4

Niveau de difficulté : Moyen

Ingrédients:

- 2 cuillères à soupe d'huile d'olive extra vierge
- 2 branches de céleri, coupées en dés
- ½ tasse d'échalotes, coupées en dés
- 4 gousses d'ail, hachées
- 3 tasses de bouillon de légumes sans sel ajouté
- 1 boîte de 14,5 onces de tomates en dés sans sel ajouté
- 1 boîte de 14,5 onces de tomates concassées sans sel ajouté
- 1 tasse d'orge perlé
- Zest de 1 citron
- 1 cuillère à café de sel casher
- ½ cuillère à café de paprika fumé
- cuillère à café de flocons de piment rouge
- ¼ cuillère à café de poivre noir fraîchement moulu
- 4 brins de thym
- 1 feuille de laurier séchée
- 2 tasses de bébés épinards
- ½ tasse de fromage feta émietté
- 1 cuillère à soupe d'origan frais, haché

- 1 cuillère à soupe de graines de fenouil, grillées (facultatif)

Les directions:

Cuire l'huile d'olive dans une grande casserole à feu moyen. Ajouter le céleri et les échalotes et faire sauter, environ 4 à 5 minutes. Ajouter l'ail et faire revenir 30 secondes. Ajouter le bouillon de légumes, les tomates en dés, les tomates concassées, l'orge, le zeste de citron, le sel, le paprika, les flocons de piment rouge, le poivre noir, le thym et la feuille de laurier, et bien mélanger. Laisser bouillir, puis baisser à doux et laisser mijoter. Cuire en remuant de temps en temps pendant 40 minutes.

Retirez la feuille de laurier et les brins de thym. Incorporer les épinards. Dans un petit bol, mélanger la feta, l'origan et les graines de fenouil. Servir le risotto à l'orge dans des bols garnis du mélange de feta.

Nutrition (pour 100g) : 375 Calories 12g Lipides 13g Glucides 11g Protéines 799mg Sodium

Pois chiches et chou frisé avec sauce pomodoro épicée

Temps de préparation : 10 minutes
Temps de cuisson : 35 min
Portions : 4
Niveau de difficulté : Facile

Ingrédients:

- 2 cuillères à soupe d'huile d'olive extra vierge
- 4 gousses d'ail, tranchées
- 1 cuillère à café de flocons de piment rouge
- 1 boîte (28 onces) de tomates concassées sans sel ajouté
- 1 cuillère à café de sel casher
- ½ cuillère à café de miel
- 1 bouquet de chou frisé, équeuté et haché
- 2 boîtes (15 onces) de pois chiches à faible teneur en sodium, égouttés et rincés
- ¼ tasse de basilic frais, haché
- ¼ tasse de fromage pecorino romano râpé

Les directions:

Cuire l'huile d'olive dans une sauteuse à feu moyen. Incorporer l'ail et les flocons de piment rouge et faire sauter jusqu'à ce que l'ail soit légèrement doré, environ 2 minutes. Ajouter les tomates, le sel et le miel et bien mélanger. Baisser le feu à doux et laisser mijoter 20 minutes.

Ajouter le chou frisé et bien mélanger. Cuire environ 5 minutes. Ajouter les pois chiches et laisser mijoter environ 5 minutes. Retirer du feu et incorporer le basilic. Servir garni de fromage pecorino.

Nutrition (pour 100g) : 420 Calories 13g Lipides 12g Glucides 20g Protéines 882mg Sodium

Feta rôtie au chou frisé et yogourt au citron

Temps de préparation : 15 minutes
Temps de cuisson : 20 minutes
Portions : 4
Niveau de difficulté : Moyen

Ingrédients:

- 1 cuillère à soupe d'huile d'olive extra vierge
- 1 oignon, coupé en julienne
- ¼ cuillère à café de sel casher
- 1 cuillère à café de curcuma moulu
- ½ cuillère à café de cumin moulu
- ½ cuillère à café de coriandre moulue
- ¼ cuillère à café de poivre noir fraîchement moulu
- 1 bouquet de chou frisé, équeuté et haché
- Bloc de 7 onces de fromage feta, coupé en tranches de ¼ de pouce d'épaisseur
- ½ tasse de yogourt grec nature
- 1 cuillère à soupe de jus de citron

Les directions:

Préchauffer le four à 400°F. Faire revenir l'huile d'olive dans une grande poêle allant au four ou une sauteuse à feu moyen. Ajouter l'oignon et le sel; faire sauter jusqu'à ce qu'ils soient légèrement dorés, environ 5 minutes. Ajouter le curcuma, le cumin, la coriandre et le poivre noir; faire sauter pendant 30 secondes. Ajouter le chou frisé et faire revenir environ 2 minutes. Ajouter ½ tasse d'eau et continuer à cuire le chou frisé, environ 3 minutes.

Retirer du feu et placer les tranches de fromage feta sur le mélange de chou frisé. Introduire au four et cuire jusqu'à ce que la feta ramollisse, 10 à 12 minutes. Dans un petit bol, mélanger le yogourt et le jus de citron. Servir le chou frisé et le fromage feta garnis du yogourt au citron.

Nutrition (pour 100g) : 210 Calories 14g Lipides 2g Glucides 11g Protéines 836mg Sodium

Aubergines et pois chiches rôtis à la sauce tomate

Temps de préparation : 15 minutes
Temps de cuisson : 60 minutes
Portions : 4
Niveau de difficulté : Difficile

Ingrédients:

- Aérosol de cuisson à l'huile d'olive
- 1 grosse aubergine (environ 1 livre), coupée en rondelles de ¼ de pouce d'épaisseur
- 1 cuillère à café de sel casher, divisé
- 1 cuillère à soupe d'huile d'olive extra vierge
- 3 gousses d'ail, hachées
- 1 boîte (28 onces) de tomates concassées sans sel ajouté
- ½ cuillère à café de miel
- ¼ cuillère à café de poivre noir fraîchement moulu
- 2 cuillères à soupe de basilic frais, haché
- 1 boîte (15 onces) de pois chiches sans sel ajouté ou à faible teneur en sodium, égouttés et rincés
- ¾ tasse de fromage feta émietté
- 1 cuillère à soupe d'origan frais, haché

Les directions:

Préchauffer le four à 425 °F. Graisser et tapisser deux plaques à pâtisserie de papier d'aluminium et vaporiser légèrement d'huile d'olive en aérosol de cuisson. Étalez l'aubergine en une seule couche et saupoudrez d'½ cuillère à café de sel. Cuire au four pendant 20 minutes, en retournant une fois à mi-cuisson, jusqu'à ce qu'ils soient légèrement dorés.

Pendant ce temps, faites chauffer l'huile d'olive dans une grande casserole à feu moyen. Incorporer l'ail et faire revenir pendant 30 secondes. Ajouter les tomates concassées, le miel, la ½ cuillère à café restante de sel et le poivre noir. Laisser mijoter environ 20 minutes, jusqu'à ce que la sauce réduise un peu et épaississe. Incorporer le basilic.

Après avoir retiré les aubergines du four, réduire la température du four à 375 °F. Dans un grand plat de cuisson rectangulaire ou ovale, verser les pois chiches et 1 tasse de sauce. Disposez les tranches d'aubergine sur le dessus, en les superposant si nécessaire pour couvrir les pois chiches. Déposer le reste de sauce sur les aubergines. Parsemer le dessus de feta et d'origan.

Envelopper le plat de cuisson de papier d'aluminium et cuire au four pendant 15 minutes. Retirez le papier d'aluminium et faites cuire 15 minutes supplémentaires.

Nutrition (pour 100g) : 320 Calories 11g Lipides 12g Glucides 14g Protéines 773mg Sodium

Sliders de falafels au four

Temps de préparation : 10 minutes
Temps de cuisson : 30 minutes
Portions : 6
Niveau de difficulté : Moyen

Ingrédients:

- Aérosol de cuisson à l'huile d'olive
- 1 boîte (15 onces) de pois chiches à faible teneur en sodium, égouttés et rincés
- 1 oignon, haché grossièrement
- 2 gousses d'ail, pelées
- 2 cuillères à soupe de persil frais, haché
- 2 cuillères à soupe de farine de blé entier
- ½ cuillère à café de coriandre moulue
- ½ cuillère à café de cumin moulu
- ½ cuillère à café de levure chimique
- ½ cuillère à café de sel casher
- ¼ cuillère à café de poivre noir fraîchement moulu

Les directions:

Préchauffer le four à 350 °F. Mettez du papier parchemin ou du papier d'aluminium et vaporisez légèrement d'huile d'olive en aérosol de cuisson dans la plaque à pâtisserie.

Dans un robot culinaire, mélanger les pois chiches, l'oignon, l'ail, le persil, la farine, la coriandre, le cumin, la poudre à pâte, le sel et le poivre noir. Mélanger jusqu'à consistance lisse.

Faire 6 galettes de curseur, chacune avec un ¼ tasse comble du mélange, et les disposer sur la plaque à pâtisserie préparée. Cuire au four pendant 30 minutes. Servir.

Nutrition (pour 100g) : 90 Calories 1g Lipides 3g Glucides 4g Protéines 803mg Sodium

Portobello Caprese

Temps de préparation : 15 minutes

Temps de cuisson : 30 minutes

Portions : 2

Niveau de difficulté : Difficile

Ingrédients:

- 1 cuillère à soupe d'huile d'olive
- 1 tasse de tomates cerises
- Sel et poivre noir, au goût
- 4 grandes feuilles de basilic frais, tranchées finement, divisées
- 3 gousses d'ail moyennes, hachées
- 2 gros champignons portobello, tiges enlevées
- 4 mini boules de mozzarella
- 1 cuillère à soupe de parmesan, râpé

Les directions:

Préparez le four à 350 °F (180 °C). Graisser un plat allant au four avec de l'huile d'olive. Verser 1 cuillère à soupe d'huile d'olive dans une poêle antiadhésive et chauffer à feu moyen-vif. Ajouter les tomates dans la poêle et saupoudrer de sel et de poivre noir pour assaisonner. Percez quelques trous sur les tomates pour le jus pendant la cuisson. Mettre le couvercle et cuire les tomates pendant 10 minutes ou jusqu'à ce qu'elles soient tendres.

Réservez 2 cuillères à café de basilic et ajoutez le basilic et l'ail restants dans la poêle. Écraser les tomates avec une spatule, puis cuire pendant une demi-minute. Remuer constamment pendant la cuisson. Mettre de côté. Disposer les champignons dans le plat allant au four, couvercle vers le bas, et saupoudrer de sel et de poivre noir au goût.

Versez le mélange de tomates et les boules de Mozzarella sur les branchies des champignons, puis saupoudrez de parmesan pour bien les enrober. Cuire jusqu'à ce que les champignons soient tendres à la fourchette et que les fromages soient dorés. Sortez les champignons farcis du four et servez avec du basilic dessus.

Nutrition (pour 100g) : 285 Calories 21,8 g Lipides 2,1 g Glucides 14,3 g Protéines 823 mg Sodium

Tomates farcies aux champignons et au fromage

Temps de préparation : 15 minutes
Temps de cuisson : 20 minutes
Portions : 4
Niveau de difficulté : Moyen

Ingrédients:

- 4 grosses tomates mûres
- 1 cuillère à soupe d'huile d'olive
- ½ livre (454 g) de champignons blancs ou cremini, tranchés
- 1 cuillère à soupe de basilic frais, haché
- ½ tasse d'oignon jaune, coupé en dés
- 1 cuillère à soupe d'origan frais, haché
- 2 gousses d'ail, hachées
- ½ cuillère à café de sel
- ¼ cuillère à café de poivre noir fraîchement moulu
- 1 tasse de mozzarella partiellement écrémé, râpé
- 1 cuillère à soupe de parmesan, râpé

Les directions:

Préparez le four à 375 °F (190 °C). Coupez une tranche de ½ pouce sur le dessus de chaque tomate. Versez la pulpe dans un bol et laissez des coquilles de tomates de ½ pouce. Disposer les tomates sur une plaque à pâtisserie recouverte de papier d'aluminium.

Faites chauffer l'huile d'olive dans une poêle antiadhésive à feu moyen.

Ajouter les champignons, le basilic, l'oignon, l'origan, l'ail, le sel et le poivre noir dans la poêle et faire sauter pendant 5 minutes.

Versez le mélange dans le bol de pulpe de tomate, puis ajoutez le fromage Mozzarella et remuez pour bien mélanger. Verser le mélange dans chaque coquille de tomate, puis recouvrir d'une couche de parmesan. Cuire au four préchauffé pendant 15 minutes ou jusqu'à ce que le fromage bouillonne et que les tomates soient tendres. Sortez les tomates farcies du four et servez chaud.

Nutrition (pour 100g) : 254 Calories 14,7 g Lipides 5,2 g Glucides 17,5 g Protéines 783 mg Sodium

Taboule

Temps de préparation : 15 minutes
Temps de cuisson : 5 minutes
Portions : 6
Niveau de difficulté : Moyen

Ingrédients:

- 4 cuillères à soupe d'huile d'olive, divisée
- 4 tasses de chou-fleur en riz
- 3 gousses d'ail, hachées finement
- Sel et poivre noir, au goût
- ½ gros concombre, pelé, épépiné et haché
- ½ tasse de persil italien, haché
- Jus de 1 citron
- 2 cuillères à soupe d'oignon rouge émincé
- ½ tasse de feuilles de menthe, hachées
- ½ tasse d'olives Kalamata dénoyautées, hachées
- 1 tasse de tomates cerises, coupées en quartiers
- 2 tasses de jeunes pousses de roquette ou d'épinards
- 2 avocats moyens, pelés, dénoyautés et coupés en dés

Les directions:

Faites chauffer 2 cuillères à soupe d'huile d'olive dans une poêle antiadhésive à feu moyen-élevé. Ajouter le riz chou-fleur, l'ail, le sel et le poivre noir dans la poêle et faire sauter pendant 3 minutes ou jusqu'à ce qu'ils soient parfumés. Transférez-les dans un grand bol.

Ajouter le concombre, le persil, le jus de citron, l'oignon rouge, la menthe, les olives et le reste de l'huile d'olive dans le bol. Mélanger pour bien mélanger. Réservez le bol au réfrigérateur pendant au moins 30 minutes.

Retirez le bol du réfrigérateur. Ajouter les tomates cerises, la roquette, l'avocat dans le bol. Bien assaisonner et mélanger pour bien mélanger. Servir frais.

Nutrition (pour 100g) : 198 Calories 17,5g Lipides 6,2g Glucides 4,2g Protéines 773mg Sodium

Coeurs d'artichauts et brocolis épicés

Temps de préparation : 5 minutes

Temps de cuisson : 15 minutes

Portions : 4

Niveau de difficulté : Moyen

Ingrédients:

- 3 cuillères à soupe d'huile d'olive, divisée
- 2 livres (907 g) de brocoli frais
- 3 gousses d'ail, hachées finement
- 1 cuillère à café de flocons de piment rouge
- 1 cuillère à café de sel, et plus au goût
- 13,5 onces (383 g) de cœurs d'artichauts
- 1 cuillère à soupe d'eau
- 2 cuillères à soupe de vinaigre de vin rouge
- Poivre noir fraîchement moulu, au goût

Les directions:

Chauffer 2 cuillères à soupe d'huile d'olive dans une poêle antiadhésive à feu moyen-vif. Ajouter le brocoli, l'ail, les flocons de piment rouge et le sel dans la poêle et faire sauter pendant 5 minutes ou jusqu'à ce que le brocoli soit tendre.

Mettre les cœurs d'artichauts dans la poêle et faire revenir 2 minutes de plus ou jusqu'à ce qu'ils soient tendres. Ajouter de l'eau dans la poêle et baisser le feu à doux. Mettre le couvercle et laisser mijoter 5 minutes. Pendant ce temps, mélanger le vinaigre et 1 cuillère à soupe d'huile d'olive dans un bol.

Arroser le brocoli et les artichauts mijotés avec du vinaigre huilé, et saupoudrer de sel et de poivre noir. Mélanger pour bien mélanger avant de servir.

Nutrition (pour 100g) : 272 Calories 21,5 g Lipides 9,8 g Glucides 11,2 g Protéines 736 mg Sodium

Shakshuka

Temps de préparation : 10 minutes

Temps de cuisson : 25 minutes

Portions : 4

Niveau de difficulté : Difficile

Ingrédients:

- 5 cuillères à soupe d'huile d'olive, divisée
- 1 poivron rouge, coupé en petits dés
- ½ petit oignon jaune, finement émincé
- 14 onces (397 g) de tomates concassées, avec jus
- 6 onces (170 g) d'épinards surgelés, décongelés et égouttés de l'excès de liquide
- 1 cuillère à café de paprika fumé
- 2 gousses d'ail, hachées finement
- 2 cuillères à café de flocons de piment rouge
- 1 cuillère à soupe de câpres hachées grossièrement
- 1 cuillère à soupe d'eau
- 6 gros oeufs
- ¼ cuillère à café de poivre noir fraîchement moulu
- ¾ tasse de feta ou de fromage de chèvre, émietté
- ¼ tasse de persil plat ou de coriandre frais, haché

Les directions:

Préparez le four à 300ºF (150ºC). Faites chauffer 2 cuillères à soupe d'huile d'olive dans une poêle allant au four à feu moyen-élevé. Faire revenir le poivron et l'oignon dans la poêle jusqu'à ce que l'oignon soit translucide et que le poivron soit tendre.

Ajouter les tomates et les jus, les épinards, le paprika, l'ail, les flocons de piment rouge, les câpres, l'eau et 2 cuillères à soupe d'huile d'olive dans la poêle. Bien mélanger et porter à ébullition. Baisser le feu à doux, puis mettre le couvercle et laisser mijoter pendant 5 minutes.

Casser les œufs sur la sauce, garder un peu d'espace entre chaque œuf, laisser l'œuf intact et saupoudrer de poivre noir fraîchement moulu. Cuire jusqu'à ce que les œufs atteignent la bonne cuisson.

Répartir le fromage sur les œufs et la sauce et cuire au four préchauffé pendant 5 minutes ou jusqu'à ce que le fromage soit mousseux et doré. Arrosez avec 1 cuillère à soupe d'huile d'olive restante et étalez le persil dessus avant de servir chaud.

Nutrition (pour 100g) : 335 Calories 26,5 g Lipides 5 g Glucides 16,8 g Protéines 736 mg Sodium

Spanakopita

Temps de préparation : 15 minutes

Temps de cuisson : 50 min

Portions : 6

Niveau de difficulté : Difficile

Ingrédients:

- 6 cuillères à soupe d'huile d'olive, divisée
- 1 petit oignon jaune, coupé en dés
- 4 tasses d'épinards hachés surgelés
- 4 gousses d'ail, hachées
- ½ cuillère à café de sel
- ½ cuillère à café de poivre noir fraîchement moulu
- 4 gros œufs battus
- 1 tasse de ricotta
- ¾ tasse de fromage feta, émietté
- ¼ tasse de pignons de pin

Les directions:

Graisser un plat allant au four avec 2 cuillères à soupe d'huile d'olive. Organisez le four à 375 degrés F. Faites chauffer 2 cuillères à soupe d'huile d'olive dans une poêle antiadhésive à feu moyen-élevé. Mélanger l'oignon dans la poêle et faire sauter pendant 6 minutes ou jusqu'à ce qu'il soit translucide et tendre.

Ajouter les épinards, l'ail, le sel et le poivre noir dans la poêle et faire revenir 5 minutes de plus. Placez-les dans un bol et réservez. Mélanger les œufs battus et le fromage ricotta dans un bol séparé, puis les verser dans le bol de mélange d'épinards. Remuer pour bien mélanger.

Remplissez le mélange dans le plat de cuisson et inclinez le plat pour que le mélange enrobe le fond uniformément. Cuire jusqu'à ce qu'il commence à prendre. Sortez le plat du four et étalez dessus la feta et les pignons de pin, puis arrosez avec les 2 cuillères à soupe d'huile d'olive restantes.

Remettre le plat de cuisson au four et cuire encore 15 minutes ou jusqu'à ce que le dessus soit doré. Sortez le plat du four. Laisser refroidir la spanakopita pendant quelques minutes et trancher pour servir.

Nutrition (pour 100g) : 340 Calories 27,3 g Lipides 10,1 g Glucides 18,2 g Protéines 781 mg Sodium

Tajine

Temps de préparation : 20 minutes
Temps de cuisson : 60 minutes
Portions : 6
Niveau de difficulté : Moyen

Ingrédients:

- ½ tasse d'huile d'olive
- 6 branches de céleri, coupées en croissants de ¼ de pouce
- 2 oignons jaunes moyens, tranchés
- 1 cuillère à café de cumin moulu
- ½ cuillère à café de cannelle moulue
- 1 cuillère à café de gingembre en poudre
- 6 gousses d'ail, hachées
- ½ cuillère à café de paprika
- 1 cuillère à café de sel
- ¼ cuillère à café de poivre noir fraîchement moulu
- 2 tasses de bouillon de légumes à faible teneur en sodium
- 2 courgettes moyennes, coupées en demi-cercles de ½ pouce d'épaisseur
- 2 tasses de chou-fleur, coupé en bouquets
- 1 aubergine moyenne, coupée en cubes de 1 pouce
- 1 tasse d'olives vertes, coupées en deux et dénoyautées
- 13,5 onces (383 g) de cœurs d'artichauts, égouttés et coupés en quartiers

- ½ tasse de feuilles de coriandre fraîche hachées, pour la garniture
- ½ tasse de yogourt grec nature, pour la garniture
- ½ tasse de persil plat frais haché, pour la garniture

Les directions:

Cuire l'huile d'olive dans une marmite à feu moyen-élevé. Ajouter le céleri et l'oignon dans la casserole et faire revenir pendant 6 minutes. Mettez le cumin, la cannelle, le gingembre, l'ail, le paprika, le sel et le poivre noir dans la casserole et faites sauter pendant 2 minutes de plus jusqu'à ce que ce soit aromatique.

Verser le bouillon de légumes dans la casserole et porter à ébullition. Baissez le feu à doux et ajoutez les courgettes, le chou-fleur et l'aubergine à la banque. Couvrir et laisser mijoter 30 minutes ou jusqu'à ce que les légumes soient tendres. Ajoutez ensuite les olives et les cœurs d'artichauts dans la piscine et laissez mijoter encore 15 minutes. Remplissez-les dans un grand bol de service ou un tajine, puis servez avec de la coriandre, du yogourt grec et du persil sur le dessus.

Nutrition (pour 100g) : 312 Calories 21,2 g Lipides 9,2 g Glucides 6,1 g Protéines 813 mg Sodium

Agrumes Pistaches et Asperges

Temps de préparation : 10 minutes

Temps de cuisson : 10 minutes

Portions : 4

Niveau de difficulté : Difficile

Ingrédients:

- Zeste et jus de 2 clémentines ou 1 orange
- Zeste et jus d'1 citron
- 1 cuillère à soupe de vinaigre de vin rouge
- 3 cuillères à soupe d'huile d'olive extra-vierge, divisée
- 1 cuillère à café de sel, divisé
- ¼ cuillère à café de poivre noir fraîchement moulu
- ½ tasse de pistaches, décortiquées
- 1 livre (454 g) d'asperges fraîches, parées
- 1 cuillère à soupe d'eau

Les directions:

Mélanger le zeste et le jus de clémentine et de citron, le vinaigre, 2 cuillères à soupe d'huile d'olive, ½ cuillère à café de sel et de poivre noir. Remuer pour bien mélanger. Mettre de côté.

Faire griller les pistaches dans une poêle antiadhésive à feu moyen-vif pendant 2 minutes ou jusqu'à ce qu'elles soient dorées. Transférer les pistaches grillées sur un plan de travail propre, puis les hacher grossièrement. Mélanger les pistaches avec le mélange d'agrumes. Mettre de côté.

Chauffer le reste de l'huile d'olive dans la poêle antiadhésive à feu moyen-vif. Ajouter les asperges dans la poêle et faire sauter pendant 2 minutes, puis assaisonner avec le reste du sel. Ajouter l'eau dans la poêle. Baissez le feu au minimum et mettez le couvercle. Laisser mijoter 4 minutes jusqu'à ce que les asperges soient tendres.

Retirer les asperges de la poêle dans un grand plat. Verser le mélange d'agrumes et de pistaches sur les asperges. Remuer pour bien enrober avant de servir.

Nutrition (pour 100g) : 211 Calories 17,5g Lipides 3,8g Glucides 5,9g Protéines 901mg Sodium

Aubergines farcies aux tomates et au persil

Temps de préparation : 15 minutes
Temps de cuisson : 2 heures et 10 minutes
Portions : 6
Niveau de difficulté : Moyen

Ingrédients:

- ¼ tasse d'huile d'olive extra vierge
- 3 petites aubergines, coupées en deux dans le sens de la longueur
- 1 cuillère à café de sel de mer
- ½ cuillère à café de poivre noir fraîchement moulu
- 1 gros oignon jaune, haché finement
- 4 gousses d'ail, hachées
- 15 onces (425 g) de tomates en dés, avec le jus
- ¼ tasse de persil plat frais, haché finement

Les directions:

Mettez l'insert de la mijoteuse avec 2 cuillères à soupe d'huile d'olive. Coupez quelques fentes sur le côté coupé de chaque moitié d'aubergine, gardez un espace de ¼ de pouce entre chaque fente. Placer les moitiés d'aubergines dans la mijoteuse, côté peau vers le bas. Saupoudrer de sel et de poivre noir.

Faites chauffer le reste de l'huile d'olive dans une poêle antiadhésive à feu moyen-vif. Ajouter l'oignon et l'ail dans la poêle et faire sauter pendant 3 minutes ou jusqu'à ce que l'oignon soit translucide.

Ajouter le persil et les tomates avec le jus dans la poêle et saupoudrer de sel et de poivre noir. Faire revenir 5 minutes de plus ou jusqu'à ce qu'ils soient tendres. Répartir et verser le mélange dans la poêle sur les moitiés d'aubergine.

Placer le couvercle de la mijoteuse et cuire à intensité ÉLEVÉE pendant 2 heures jusqu'à ce que l'aubergine soit tendre. Transférer l'aubergine dans une assiette et laisser refroidir quelques minutes avant de servir.

Nutrition (pour 100g) : 455 Calories 13g Lipides 14g Glucides 14g Protéines 719mg Sodium

Ratatouille

Temps de préparation : 15 minutes

Temps de cuisson : 7 heures

Portions : 6

Niveau de difficulté : Moyen

Ingrédients:

- 3 cuillères à soupe d'huile d'olive extra vierge
- 1 grosse aubergine, non pelée, tranchée
- 2 gros oignons, tranchés
- 4 petites courgettes, tranchées
- 2 poivrons verts
- 6 grosses tomates, coupées en quartiers de ½ pouce
- 2 cuillères à soupe de persil plat frais, haché
- 1 cuillère à café de basilic séché
- 2 gousses d'ail, hachées
- 2 cuillères à café de sel de mer
- ¼ cuillère à café de poivre noir fraîchement moulu

Direction:

Remplissez l'insert de la mijoteuse avec 2 cuillères à soupe d'huile d'olive. Disposer les tranches, les lanières et les quartiers de légumes en alternance dans l'insert de la mijoteuse. Répartir le persil sur les légumes et assaisonner avec du basilic, de l'ail, du sel et du poivre noir. Arrosez avec le reste d'huile d'olive. Fermer et cuire à LOW pendant 7 heures jusqu'à ce que les légumes soient tendres. Transférer les légumes sur une assiette et servir chaud.

Nutrition (pour 100g) : 265 Calories 1.7g Lipides 13.7g Glucides 8.3g Protéines 800mg Sodium

Gemista

Temps de préparation : 15 minutes
Temps de cuisson : 4 heures
Portions : 4
Niveau de difficulté : Moyen

Ingrédients:

- 2 cuillères à soupe d'huile d'olive extra vierge
- 4 gros poivrons de n'importe quelle couleur
- ½ tasse de couscous non cuit
- 1 cuillère à café d'origan
- 1 gousse d'ail, émincée
- 1 tasse de fromage feta émietté
- 1 boîte (15 onces / 425 g) de haricots cannellini, rincés et égouttés
- Sel et poivre au goût
- 1 quartiers de citron
- 4 oignons verts, parties blanches et vertes séparées, tranchés finement

Direction:

Coupez une tranche de ½ pouce sous la tige du haut du poivron. Jeter la tige uniquement et hacher la partie supérieure en tranches sous la tige et réserver dans un bol. Creuser le poivron avec une cuillère. Graisser la mijoteuse avec de l'huile.

Incorporer le reste des ingrédients, à l'exception des parties vertes de l'oignon vert et des quartiers de citron, au bol de dessus de poivron haché. Remuer pour bien mélanger. Verser le mélange dans le poivron évidé et disposer les poivrons farcis dans la mijoteuse, puis arroser d'un filet d'huile d'olive.

Fermez le couvercle de la mijoteuse et faites cuire à intensité ÉLEVÉE pendant 4 heures ou jusqu'à ce que les poivrons soient tendres.

Retirer les poivrons de la mijoteuse et servir dans une assiette. Saupoudrer de parties vertes des oignons verts et presser les quartiers de citron sur le dessus avant de servir.

Nutrition (pour 100g) : 246 Calories 9g Lipides 6,5g Glucides 11,1g Protéines 698mg Sodium

Rouleaux de chou farcis

Temps de préparation : 15 minutes
Temps de cuisson : 2 heures
Portions : 4
Niveau de difficulté : Difficile

Ingrédients:

- 4 cuillères à soupe d'huile d'olive, divisée
- 1 gros chou vert, épépiné
- 1 gros oignon jaune, haché
- 3 onces (85 g) de fromage feta, émietté
- ½ tasse de groseilles séchées
- 3 tasses d'orge perlé cuite
- 2 cuillères à soupe de persil plat frais, haché
- 2 cuillères à soupe de pignons de pin, grillés
- ½ cuillère à café de sel de mer
- ½ cuillère à café de poivre noir
- 15 onces (425 g) de tomates concassées, avec le jus
- 1 cuillère à soupe de vinaigre de cidre de pomme
- ½ tasse de jus de pomme

Les directions:

Badigeonner l'insert de la mijoteuse avec 2 cuillères à soupe d'huile d'olive. Blanchir le chou dans une casserole d'eau pendant 8 minutes. Retirez-le de l'eau, réservez, puis séparez 16 feuilles du chou. Mettre de côté.

Verser le reste d'huile d'olive dans une poêle antiadhésive et chauffer à feu moyen. Incorporer l'oignon dans la poêle et cuire jusqu'à ce que l'oignon et le poivron soient tendres. Transférer l'oignon dans un bol.

Ajoutez le fromage feta, les groseilles, l'orge, le persil et les pignons de pin dans le bol d'oignon cuit, puis saupoudrez de ¼ cuillère à café de sel et ¼ cuillère à café de poivre noir.

Disposer les feuilles de chou sur un plan de travail propre. Versez 1/3 tasse du mélange au centre de chaque assiette, puis repliez le bord sur le mélange et roulez-le. Placer les rouleaux de chou dans la mijoteuse, le joint vers le bas.

Incorporer le reste des ingrédients dans un bol séparé, puis verser le mélange sur les rouleaux de chou. Fermez le couvercle de la mijoteuse et faites cuire à intensité ÉLEVÉE pendant 2 heures. Retirer les rouleaux de chou de la mijoteuse et servir chaud.

Nutrition (pour 100g) : 383 Calories 14,7 g Lipides 12,9 g Glucides 10,7 g Protéines 838 mg Sodium

Choux de Bruxelles avec glaçage balsamique

Temps de préparation : 15 minutes
Temps de cuisson : 2 heures
Portions : 6
Niveau de difficulté : Moyen

Ingrédients:

- Glaçage balsamique :
- 1 tasse de vinaigre balsamique
- ¼ tasse de miel
- 2 cuillères à soupe d'huile d'olive extra vierge
- 2 livres (907 g) de choux de Bruxelles, parés et coupés en deux
- 2 tasses de soupe aux légumes à faible teneur en sodium
- 1 cuillère à café de sel de mer
- Poivre noir fraîchement moulu, au goût
- ¼ tasse de parmesan, râpé
- ¼ tasse de pignons de pin

Les directions:

Préparez le glaçage balsamique : Mélangez le vinaigre balsamique et le miel dans une casserole. Remuer pour bien mélanger. À feu moyen-élevé, porter à ébullition. Baisser le feu à doux, puis laisser mijoter pendant 20 minutes ou jusqu'à ce que le glaçage réduise de moitié et ait une consistance épaisse. Imposer un peu d'huile d'olive à l'intérieur de l'insert de la mijoteuse.

Mettez les choux de Bruxelles, la soupe de légumes et ½ cuillère à café de sel dans la mijoteuse, remuez pour combiner. Fermez le couvercle de la mijoteuse et faites cuire à intensité ÉLEVÉE pendant 2 heures jusqu'à ce que les choux de Bruxelles soient tendres.

Mettez les choux de Bruxelles dans une assiette et saupoudrez le reste du sel et du poivre noir pour assaisonner. Versez le glaçage balsamique sur les choux de Bruxelles, puis servez avec du parmesan et des pignons de pin.

Nutrition (pour 100g) : 270 Calories 10,6 g Lipides 6,9 g Glucides 8,7 g Protéines 693 mg Sodium

Salade d'épinards avec vinaigrette aux agrumes

Temps de préparation : 10 minutes
Temps de cuisson : 0 minute
Portions : 4
Niveau de difficulté : Facile

Ingrédients:

- Vinaigrette aux agrumes :
- ¼ tasse d'huile d'olive extra vierge
- 3 cuillères à soupe de vinaigre balsamique
- ½ cuillère à café de zeste de citron frais
- ½ cuillère à café de sel
- Salade:
- 1 livre (454 g) de pousses d'épinards, lavées, sans les tiges
- 1 grosse tomate mûre, coupée en morceaux de ¼ de pouce
- 1 oignon rouge moyen, tranché finement

Les directions:

Préparez la vinaigrette aux agrumes : mélangez l'huile d'olive, le vinaigre balsamique, le zeste de citron et le sel dans un bol jusqu'à ce que le tout soit bien mélangé.

Préparez la salade : placez les pousses d'épinards, la tomate et les oignons dans un saladier séparé. Remplissez la vinaigrette aux agrumes sur la salade et mélangez doucement jusqu'à ce que les légumes soient bien enrobés.

Nutrition (pour 100g) : 173 Calories 14,2 g Lipides 4,2 g Glucides 4,1 g Protéines 699 mg Sodium

Salade simple de céleri et d'orange

Temps de préparation : 15 minutes

Temps de cuisson : 0 minute

Portions : 6

Niveau de difficulté : Facile

Ingrédients:

- Salade:
- 3 branches de céleri, y compris les feuilles, coupées en diagonale en tranches de ½ pouce
- ½ tasse d'olives vertes
- ¼ tasse d'oignon rouge tranché
- 2 grosses oranges pelées, coupées en rondelles
- Pansement:
- 1 cuillère à soupe d'huile d'olive extra vierge
- 1 cuillère à soupe de jus de citron ou d'orange
- 1 cuillère à soupe de saumure d'olive
- ¼ cuillère à café casher ou sel de mer
- ¼ cuillère à café de poivre noir fraîchement moulu

Les directions:

Préparez la salade : Mettez les branches de céleri, les olives vertes, l'oignon et les oranges dans un bol peu profond. Mélangez bien et mettez de côté.

Préparez la vinaigrette : Mélangez bien l'huile d'olive, le jus de citron, la saumure d'olive, le sel et le poivre.

Verser la vinaigrette dans le bol de salade et mélanger légèrement jusqu'à ce qu'elle soit bien enrobée.

Servir frais ou à température ambiante.

Nutrition (pour 100g) : 24 Calories 1,2 g Lipides 1,2 g Glucides 1,1 g Protéines 813 mg Sodium

Rouleaux d'aubergines frites

Temps de préparation : 20 minutes

Temps de cuisson : 10 minutes

Portions : 6

Niveau de difficulté : Moyen

Ingrédients:

- 2 grosses aubergines
- 1 cuillère à café de sel
- 1 tasse de ricotta râpée
- 4 onces (113 g) de fromage de chèvre, râpé
- ¼ tasse de basilic frais finement haché
- ½ cuillère à café de poivre noir fraîchement moulu
- spray d'huile d'olive

Les directions:

Ajouter les tranches d'aubergine dans une passoire et assaisonner de sel. Laisser reposer 15 à 20 minutes.

Mélangez la ricotta et le fromage de chèvre, le basilic et le poivre noir dans un grand bol et mélangez. Mettre de côté. Séchez les tranches d'aubergine avec du papier absorbant et vaporisez-les légèrement d'huile d'olive en spray.

Faites chauffer une grande poêle à feu moyen et vaporisez-la légèrement d'huile d'olive en spray. Disposer les tranches d'aubergine dans la poêle et les faire frire de chaque côté pendant 3 minutes jusqu'à ce qu'elles soient dorées.

Retirer du feu sur une assiette tapissée de papier absorbant et laisser reposer 5 minutes. Faire les rouleaux d'aubergine : Disposer les tranches d'aubergine sur une surface de travail plane et garnir chaque tranche d'une cuillère à soupe du mélange de fromage préparé. Roulez-les et servez aussitôt.

Nutrition (pour 100g) : 254 Calories 14,9 g Lipides 7,1 g Glucides 15,3 g Protéines 612 mg Sodium

Bol de Légumes Rôtis et Riz Brun

Temps de préparation : 15 minutes

Temps de cuisson : 20 minutes

Portions : 4

Niveau de difficulté : Moyen

Ingrédients:

- 2 tasses de fleurons de chou-fleur
- 2 tasses de fleurons de brocoli
- 1 boîte (15 onces / 425 g) de pois chiches
- 1 tasse de tranches de carottes (environ 1 pouce d'épaisseur)
- 2 à 3 cuillères à soupe d'huile d'olive extra-vierge, divisée
- Sel et poivre noir, au goût
- Spray de cuisson antiadhésif
- 2 tasses de riz brun cuit
- 3 cuillères à soupe de graines de sésame
- <u>Pansement:</u>
- 3 à 4 cuillères à soupe de tahiné
- 2 cuillères à soupe de miel
- 1 citron, pressé
- 1 gousse d'ail, émincée
- Sel et poivre noir, au gout

Les directions:

Préparez le four à 400 ºF (205 ºC). Vaporisez deux plaques à pâtisserie d'un enduit à cuisson antiadhésif.

Étaler le chou-fleur et le brocoli sur la première plaque à pâtisserie et la seconde avec les pois chiches et les tranches de carotte.

Arroser chaque feuille avec la moitié de l'huile d'olive et saupoudrer de sel et de poivre. Mélanger pour bien enrober.

Rôtir les pois chiches et les tranches de carottes dans le four préchauffé pendant 10 minutes, en laissant les carottes tendres mais croustillantes, et le chou-fleur et le brocoli pendant 20 minutes jusqu'à ce qu'ils soient tendres à la fourchette. Remuez-les une fois à mi-cuisson.

Pendant ce temps, préparez la vinaigrette : mélangez le tahini, le miel, le jus de citron, l'ail, le sel et le poivre dans un petit bol.

Répartir le riz brun cuit dans quatre bols. Garnir uniformément chaque bol de légumes rôtis et de vinaigrette. Parsemer de graines de sésame pour décorer avant de servir.

Nutrition (pour 100g) : 453 Calories 17,8g Lipides 11,2g Glucides 12,1g Protéines 793mg Sodium

Hachis de chou-fleur aux carottes

Temps de préparation : 10 minutes

Temps de cuisson : 10 minutes

Portions : 4

Niveau de difficulté : Facile

Ingrédients:

- 3 cuillères à soupe d'huile d'olive extra vierge
- 1 gros oignon, haché
- 1 cuillère à soupe d'ail émincé
- 2 tasses de carottes en dés
- 4 tasses de fleurons de chou-fleur
- ½ cuillère à café de cumin moulu
- 1 cuillère à café de sel

Les directions:

Cuire l'huile d'olive à feu moyen. Mélanger l'oignon et l'ail et faire revenir 1 minute. Incorporer les carottes et faire sauter pendant 3 minutes. Ajouter les fleurons de chou-fleur, le cumin et le sel et mélanger.

Couvrir et cuire 3 minutes jusqu'à ce qu'ils soient légèrement dorés. Bien mélanger et cuire à découvert pendant 3 à 4 minutes, jusqu'à ce qu'ils ramollissent. Retirer du feu et servir chaud.

Nutrition (pour 100g) : 158 Calories 10,8 g Lipides 5,1 g Glucides 3,1 g Protéines 813 mg Sodium

Cubes de courgettes à l'ail et à la menthe

Temps de préparation : 5 minutes

Temps de cuisson : 10 minutes

Portions : 4

Niveau de difficulté : Facile

Ingrédients:

- 3 grosses courgettes vertes
- 3 cuillères à soupe d'huile d'olive extra vierge
- 1 gros oignon, haché
- 3 gousses d'ail, hachées
- 1 cuillère à café de sel
- 1 cuillère à café de menthe séchée

Les directions:

Cuire l'huile d'olive dans une grande poêle à feu moyen.

Incorporer l'oignon et l'ail et faire sauter pendant 3 minutes, en remuant constamment, ou jusqu'à ce qu'ils ramollissent.

Incorporer les cubes de courgettes et le sel et cuire pendant 5 minutes, ou jusqu'à ce que les courgettes soient dorées et tendres.

Ajouter la menthe dans la poêle et mélanger pour combiner, puis poursuivre la cuisson pendant 2 minutes. Servir chaud.

Nutrition (pour 100g) : 146 Calories 10,6 g Lipides 3 g Glucides 4,2 g Protéines 789 mg Sodium

Bol de courgettes et artichauts avec faro

Temps de préparation : 15 minutes

Temps de cuisson : 10 minutes

Portions : 6

Niveau de difficulté : Facile

Ingrédients:

- 1/3 tasse d'huile d'olive extra vierge
- 1/3 tasse d'oignons rouges hachés
- ½ tasse de poivron rouge haché
- 2 gousses d'ail, hachées
- 1 tasse de courgettes, coupées en tranches de ½ pouce d'épaisseur
- ½ tasse d'artichauts hachés grossièrement
- ½ tasse de pois chiches en conserve, égouttés et rincés
- 3 tasses de faro cuit
- Sel et poivre noir, au goût
- ½ tasse de fromage feta émietté, pour servir (facultatif)
- tasse d'olives tranchées, pour servir (facultatif)
- 2 cuillères à soupe de basilic frais, en chiffonnade, pour servir (facultatif)
- 3 cuillères à soupe de vinaigre balsamique, pour servir (facultatif)

Les directions:

Faites chauffer l'huile d'olive dans une grande poêle à feu moyen jusqu'à ce qu'elle scintille. Mélanger les oignons, le poivron et l'ail et faire sauter pendant 5 minutes, en remuant de temps en temps, jusqu'à ce qu'ils ramollissent.

Incorporer les tranches de courgettes, les artichauts et les pois chiches et faire sauter pendant environ 5 minutes jusqu'à ce qu'ils soient légèrement tendres. Ajouter le faro cuit et mélanger jusqu'à ce qu'il soit bien chaud. Saupoudrer de sel et de poivre pour assaisonner.

Répartir le mélange dans des bols. Garnir uniformément chaque bol de fromage feta, de tranches d'olive et de basilic et saupoudrer de vinaigre balsamique, si désiré.

Nutrition (pour 100g) : 366 Calories 19,9 g Lipides 9 g Glucides 9,3 g Protéines 819 mg Sodium

Beignets de courgettes à 5 ingrédients

Temps de préparation : 15 minutes

Temps de cuisson : 5 minutes

Portions : 14

Niveau de difficulté : Moyen

Ingrédients:

- 4 tasses de courgettes râpées
- Sel, au goût
- 2 gros œufs, légèrement battus
- 1/3 tasse d'oignons verts tranchés
- 2/3 de farine tout usage
- 1/8 cuillère à café de poivre noir
- 2 cuillères à soupe d'huile d'olive

Les directions:

Placez les courgettes râpées dans une passoire et salez légèrement. Laisser reposer 10 minutes. Saisissez autant de liquide que possible des courgettes râpées.

Versez les courgettes râpées dans un bol. Incorporer les œufs battus, les oignons verts, la farine, le sel et le poivre et remuer jusqu'à ce que tout soit bien combiné.

Faire chauffer l'huile d'olive dans une grande poêle à feu moyen jusqu'à ce qu'elle soit chaude.

Déposez 3 cuillères à soupe de monticules de courgettes sur la poêle chaude pour faire chaque beignet, épinglez-les légèrement en rondelles et espacez-les d'environ 2 pouces.

Cuire 2 à 3 minutes. Retourner les beignets de courgettes et cuire encore 2 minutes ou jusqu'à ce qu'ils soient dorés et bien cuits.

Retirer du feu dans une assiette recouverte de papier absorbant. Répéter avec le reste du mélange de courgettes. Servir chaud.

Nutrition (pour 100g) : 113 Calories 6.1g Lipides 9g Glucides 4g Protéines 793mg Sodium

Tostadas du matin

Temps de préparation : 15 minutes
Temps de cuisson : 6 min
Portions : 6
Niveau de difficulté : Difficile

Ingrédients :

- ½ oignon blanc, coupé en dés
- 1 tomate, hachée
- 1 concombre, haché
- 1 cuillère à soupe de coriandre fraîche, hachée
- ½ piment jalapeño, haché
- 1 cuillère à soupe de jus de citron vert
- 6 tortillas de maïs
- 1 cuillère à soupe d'huile de canola
- 2 oz de fromage cheddar, râpé
- ½ tasse de haricots blancs, en conserve, égouttés
- 6 œufs
- ½ cuillère à café de beurre
- ½ cuillère à café de sel de mer

Les directions:

Préparez le Pico de Galo : dans le saladier, mélangez l'oignon blanc en dés, la tomate, le concombre, la coriandre fraîche et le piment jalapeño. Ajoutez ensuite le jus de citron vert et une ½ cuillère à soupe d'huile de canola. Bien mélanger le mélange. Le Pico de Galo est cuit. Après cela, préchauffez le four à 390F. Tapisser la plaque de papier cuisson. Disposer les tortillas de maïs sur le papier sulfurisé et badigeonner du reste d'huile de canola des deux côtés. Cuire les tortillas jusqu'à ce qu'elles commencent à être croustillantes. Bien réfrigérer les tortillas croustillantes cuites. Pendant ce temps, mélanger le beurre dans la poêle.

Cassez les œufs dans le beurre fondu et saupoudrez-les de sel marin. Faites frire les œufs jusqu'à ce que les blancs d'œufs deviennent blancs (cuits). Environ 3 à 5 minutes à feu moyen. Après cela, écrasez les haricots jusqu'à obtenir une texture de purée. Étaler la purée de haricots sur les tortillas de maïs. Ajouter des œufs au plat. Garnir ensuite les œufs de Pico de Galo et de fromage Cheddar râpé.

Nutrition (pour 100g) : 246 Calories 11g Lipides 4,7g Glucides 13,7g Protéines 593mg Sodium

Omelette au Parmesan

Temps de préparation : 5 minutes

Temps de cuisson : 10 minutes

Portions : 2

Niveau de difficulté : Facile

Ingrédients:

- 1 cuillère à soupe de fromage à la crème
- 2 œufs battus
- cuillère à café de paprika
- ½ cuillère à café d'origan séché
- ¼ cuillère à café d'aneth séché
- 1 once de parmesan, râpé
- 1 cuillère à café d'huile de coco

Les directions:

Mélanger le fromage à la crème avec les œufs, l'origan séché et l'aneth. Versez l'huile de noix de coco dans la poêle et faites-la chauffer jusqu'à ce qu'elle enrobe toute la poêle. Remplissez ensuite la poêle avec le mélange d'œufs et aplatissez-la. Ajouter le parmesan râpé et fermer le couvercle. Cuire l'omelette 10 minutes à feu doux. Transférer ensuite l'omelette cuite dans l'assiette de service et saupoudrer de paprika.

Nutrition (pour 100g) : 148 Calories 11,5 g Lipides 0,3 g Glucides 10,6 g Protéines 741 mg Sodium

Pizza Pastèque

Temps de préparation : 10 minutes

Temps de cuisson : 0 minute

Portions : 2

Niveau de difficulté : Facile

Ingrédients:

- Tranche de pastèque de 9 onces
- 1 cuillère à soupe de sauce grenade
- 2 oz de fromage Feta, émietté
- 1 cuillère à soupe de coriandre fraîche, hachée

Les directions:

Placer la tranche de pastèque dans l'assiette et saupoudrer de fromage Feta émietté. Ajouter de la coriandre fraîche. Après cela, saupoudrez généreusement la pizza de jus de grenade. Couper la pizza en portions.

Nutrition (pour 100g) : 143 Calories 6,2 g Lipides 0,6 g Glucides 5,1 g Protéines 811 mg Sodium

Muffins salés

Temps de préparation : 10 minutes
Temps de cuisson : 15 minutes
Portions : 4
Niveau de difficulté : Moyen

Ingrédients:

- 3 onces de jambon, haché
- 4 œufs battus
- 2 cuillères à soupe de farine de noix de coco
- ½ cuillère à café d'origan séché
- ¼ cuillère à café de coriandre séchée
- Aérosol de cuisson

Les directions:

Vaporiser les moules à muffins d'un enduit à cuisson de l'intérieur. Dans le bol, mélanger les œufs battus, la farine de noix de coco, l'origan séché, la coriandre et le jambon. Lorsque le liquide est homogène, versez-le dans les moules à muffins préparés.

Cuire les muffins pendant 15 minutes à 360F. Refroidissez bien le plat cuit et seulement après cela, retirez-le des moules.

Nutrition (pour 100g) : 128 Calories 7,2g Lipides 2,9g Glucides 10,1g Protéines 882mg Sodium